ACADÉMIE DE SEINE-ET-OISE.

LYCÉE DE VERSAILLES.

DISTRIBUTION SOLENNELLE

DES

PRIX,

Sous la présidence de M. A. MAGIN-MARRENS, Recteur
de l'Académie de Seine-et-Oise.

Vendredi 13 Août 1852.

M. ÉTIENNE, Professeur de Rhétorique, ayant pris les
ordres de M. le Président, a prononcé le Discours
suivant :

MESSIEURS,

QUAND on traverse la ville de Pise, parmi les tours
qu'elle renferme en ses murs, il en est une qui d'abord
vous frappe de surprise et même d'effroi ; elle est inclinée
d'un côté ; elle menace à tout moment de s'écrouler, et

d'accabler dans sa chute ceux qui vivent sous son ombre et à ses pieds. On l'appelle la Tour penchée. Pourquoi ne le dirais-je pas, Messieurs? Il y a des personnes à qui le Corps enseignant produit l'effet de cette tour qui penche. Cependant cette tour de Pise ne tombe pas; voilà des siècles qu'elle courbe la tête sous les nuages et la foudre; toujours penchée, toujours debout. Les esprits réfléchis n'en font pas honneur au hasard, où à je ne sais quelle main mystérieuse qui retient l'édifice au bord de l'abîme; ils descendent jusqu'aux fondations, et ils y cherchent le secret de cette inexplicable durée. Ce n'est pas d'aujourd'hui, Messieurs, que l'Université courbe elle-même la tête sous les orages; son histoire ne se compose presque que des coups qu'elle a supportés. Elle a donc aussi ses fondations, assises profondes, qu'une main puissante, et qui connaissait la mobilité du terrain, a plongées dans le sol.

On a souvent dit, Messieurs, on dit peut-être encore : « l'Université n'a pas de principes; quelle que soit la moralité de son enseignement, il n'est pas animé par une pensée générale, commune à tous ses maîtres, et à toutes ses leçons. L'Université est une administration, un instrument. »

Serait-il vrai que l'enseignement public français fût dénué de principes, depuis cinquante ans? que le foyer où se sont allumées les intelligences de cinq générations ne fût qu'une source de lumière factice et sans chaleur? L'accusation est grave et vaut la peine qu'on y réponde. C'est ce que je tâcherai de faire aujourd'hui. Hôte nouveau dans cette maison hospitalière, quelle meilleure occasion me peut être donnée de me faire connaître de ces jeunes gens qui m'écoutent, et de leurs familles qui me les confient? En indiquant ce que je crois être les principes du Corps enseignant, auquel je suis attaché par le cœur et par le devoir, je publie mes propres sentiments; soldat de l'enseignement public, en venant occuper mon poste, je me fais connaître à mes nouveaux camarades, et je les prie de m'ouvrir leurs rangs.

N'attendez pas de moi, Messieurs, quelque longue déclaration de principes. Je ferai peu de théorie ; je regarderai plutôt ce qui nous entoure. C'est par l'analyse des faits, par la critique des doctrines que je veux répondre. Les idées en matière d'enseignement ont fait beaucoup de chemin ; les opinions se sont fait jour ; écoutez ce qui se dit ; voyez ce qui se passe, et vous ne chercherez pas long-temps quels doivent être les principes de l'enseignement public.

Messieurs, on dit que le règne des utopies est passé ; si cela est, je m'en applaudis comme citoyen, et j'en rends grâce au gouvernement de mon pays. Mais prenons garde, l'utopie est-elle bien morte ? Au moment que nous proclamons sa défaite et notre victoire, n'aurait-elle pas trouvé quelque refuge ? Sommes-nous bien sûrs, par exemple, que sur le terrain neutre de l'enseignement, l'utopie n'ait pas cherché un droit d'asile ? Tandis que les pères se félicitent d'avoir secoué son joug, et se reposent dans le sentiment de leur satisfaction, sont-ils bien certains qu'elle n'a pas pénétré dans l'enceinte où vivent les enfants ? Qu'arriverait-il si par hasard l'utopie avait changé de face ? Si elle était, comme le dieu Janus, une tête à deux visages, tantôt regardant l'avenir, tantôt le passé ? Durant quelques années, les esprits crédules ont cherché l'âge d'or dans l'avenir ; de bonne foi, n'y en a-t-il pas aujourd'hui, qui, fatigués de leur vain effort, mais non détrompés de leur chimère, le cherchent dans le passé ? Cette chimère nouvelle est beaucoup plus innocente que l'autre, je le reconnais. Quelle qu'elle soit, elle a pris naissance dans le sentiment religieux ; blâmons ses excès, mais gardons-nous d'en rire ; ne ménageons pas l'erreur, mais conservons toute espèce de respect pour l'intention.

Vous devinez, Messieurs, que je veux parler de la restauration du Moyen-Age. L'inconvénient de cette matière est d'appartenir à la polémique du jour. Cependant est-il impossible de la traiter sérieusement, loyalement, non pour se mêler au combat, mais plutôt pour le calmer; non pour soulever d'autres nuages, mais pour dissiper les doutes des esprits hésitants? D'autre part, précepteurs de la jeunesse, ne devons-nous pas rassurer les familles et leur prouver que nous, ni nos devanciers, durant quatre siècles, ne nous sommes trompés? Gardiens, je dirai presque dépositaires des traditions de l'enseignement, quand on élève contre elles d'injustes accusations, ne serait-ce pas déserter notre devoir si nous gardions un silence absolu?

Parmi le trouble et l'agitation de notre époque, ce raisonnement est tombé dans quelques esprits : depuis l'époque de la Renaissance, le libre examen, l'esprit d'indépendance nous ont envahis. Toutes les autorités, spirituelles et temporelles, ont été ébranlées, quelquefois même abattues et renversées. Nous marchons à notre perte; rien ne nous peut sauver qu'un effort héroïque. Il faut remonter le torrent de cinq siècles; il faut franchir cette cataracte de la Renaissance, et amarrer notre barque au-dessus. Là est la paix et le repos; là est l'obéissance et la foi.

J'aurais ici, Messieurs, une belle occasion de louer la Renaissance. On me pardonnerait sans doute d'embrasser la cause d'Homère et de Virgile, de Démosthène et de Cicéron; et l'on ne me ferait pas un grave reproche d'avoir voulu montrer qu'en expliquant les Classiques à mes élèves, je n'ai pas été un précepteur de paganisme. Je ne le ferai pas. Cette partie de mon sujet a troublé des consciences et irrité des passions. Les consciences, est-ce moi qui me chargerai de les apaiser? et sans parler de tant d'autres témoignages, un vénérable archevêque ne vient-il pas, il y a quelques jours, non seulement par des paroles, mais par une démarche infiniment honorable pour l'Université, de nous indiquer de quelle manière nous devions penser touchant cette question ? Les passions, voudrais-je les irriter encore, quand elles commencent à rentrer dans le silence ? Après tout est-il indispensable de prouver que le seizième et le dix-septième siècles, que tout ce qui s'est formé à l'école de l'antiquité, n'est pas païen ? Est-il bien nécessaire de défendre Bossuet, Fénelon, Rollin de faiblesse pour le paganisme ? Et croirai-je que nos vieux classiques sont en danger ? Si je ne craignais que cette pensée parût un peu frivole, je m'applaudirais presque du bruit qui s'est fait autour de Virgile, d'Homère et de tous les autres. Ces bons patriarches des écoles se faisaient un peu vieux ; la discussion les a rajeunis ; ils sont presque devenus populaires. Quelques personnes se sont aperçues qu'elles ne les connaissaient pas ; elles les ont rouverts ; quelques-autres, qui ont l'esprit mal fait, se sont mises à les lire, ayant appris qu'ils couraient fortune d'être défendus.

Je me bornerai à la question du Moyen-Age, sujet historique, et à ce titre appartenant à tout le monde ; idée générale, et par conséquent moins faite pour exciter les passions. Retournons au Moyen-Age, dit-on, c'est là qu'est le véritable lit où doit couler le fleuve chrétien et catholique. Je pourrais dire que mêler et confondre le Moyen-Age et l'Eglise, c'est vouloir que tous les reproches, toutes les accusations dirigées contre l'un soient également supportées par l'autre. Mais ce Moyen-Age qui nous paraît si beau, le connaissons-nous bien ? Nous y cherchons la paix, le droit, l'unité des croyances ; nous y trouvons la guerre perpétuelle entre les rois, entre les nations, entre les seigneurs, entre les villes ; à peine une trève momentanée, la *Trève de Dieu*, qui ne prouve que la grandeur du mal ; la violence y gouverne les hommes, et le désordre est si

grand , que la fin du monde est annoncée de siècle en siècle. L'hérésie est là, comme partout ailleurs, et les guerres
de religion n'y sont pas moins féroces. Nous y cherchons
l'obéissance, la soumission sociale, la déférence du petit
pour le grand, du pauvre pour le riche; nous y trouvons la
révolte des communes et des paysans, les pastoureaux, la
Jacquerie.

Retourner au Moyen-Age ! Quand on entend ces paroles,
Messieurs, ne vous semble-t-il pas que tout va changer de
face, qu'une teinte sombre et triste se va répandre sur tous
les objets ? Ne semble-t-il pas que nos villes, où l'on entre
nuit et jour, se vont enfermer dans des remparts? que nos
rues larges et spacieuses, ouvertes à la confiance publique
comme elles le sont à l'air et au soleil, vont être rétrécies
en défilés dangereux, et coupées aux deux bouts par des
chaines, pour se préserver des attaques nocturnes? Ne semble-t-il pas que ces maisons commodes et bien aérées, où
la richesse et le luxe ne craignent pas de se montrer, se
vont changer en bicoques, en masures noires et pauvres,
où le marchand enrichi cache ses trésors pour ne tenter pas
l'avidité du seigneur ou du soldat? Ne semble-t-il pas que
ces villas délicieuses où le riche et le puissant viennent chercher le repos, se vont transformer en châteaux-forts; qu'on
va creuser autour d'elles un fossé, et que le maître désor-
mais n'y pourra dormir, si une garde fidèle ne veille au
haut du donjon. J'écarte ces tristes images; personne n'a
réclamé, jusqu'ici, les châteaux gothiques, les maisons de
bois, le guet et le couvre-feu. Essayons seulement d'em-
prunter au Moyen-Age son enseignement et sa littérature,
et laissons-lui le reste, si cela est possible.

Une première difficulté se présente d'abord : Que deviendra là liberté d'enseignement? L'enseignement libre,
quoi qu'on en ait dit, n'existait pas au Moyen-Age. Tous

les colléges, de tous les ordres, de toutes les observances, étaient placés sous la juridiction, et incorporés dans le sein des Universités. Celles-ci reposaient à la fois sur le pouvoir spirituel et sur le pouvoir temporel ; il ne s'en fondait aucune, il ne s'y faisait aucun changement sans que le roi et le pape y eussent également la main. Qui réclamait le libre enseignement ? personne ; l'unique objet des prétentions rivales était de s'assujettir à la juridiction des Universités, d'aller se confondre et se perdre dans cette grande unité de l'enseignement public. Si donc nous restaurons le Moyen-Age, attendons-nous à la résistance de tous les amis de la liberté d'enseignement.

Mais faisons le sacrifice de l'enseignement libre, si le Moyen-Age nous doit donner une instruction pure de tout alliage, une littérature grande, chrétienne et spiritualiste. Je demande quels seront les auteurs classiques. Apparemment les livres saints et les Pères de l'Eglise. Messieurs, il n'est bruit aujourd'hui que des Pères de l'Eglise ; on en parle autant qu'on en parlait peu il y a quarante ans. Nous avions tort sans doute ; ne tombons pas dans l'excès contraire ; prenons garde de ressembler à ces lecteurs naïfs et inexpérimentés qui, tombant pour la première fois sur une lecture, se passionnent pour elle, et, parce qu'elle était nouvelle pour eux, s'imaginent qu'ils en ont fait la découverte. N'imitons pas en ceci le bon La Fontaine ; et parce que nous nous sommes mis un peu tard à lire Baruch, n'allons pas dire à tout propos : « Il n'y a que Baruch au monde ; avez-vous lu Baruch ? » Bossuet et Rollin, qui seront toujours nos maîtres, connaissaient assez bien, je pense, les pères et les docteurs de l'Église, et de nos jours il ne faut pas chercher bien loin pour trouver des hommes éminents, des universitaires même, qui ont attaché leur nom à ces études naguère délaissées. Mais pour revenir au

Moyen-Age, étaient-ce là tous les classiques proposés à l'étude des écoliers? Eh quoi! j'y vois un livre profane, le livre de Martianus Capella, d'un homme qui peut-être fut païen ; ce livre est une allégorie profane autant que son titre même : *De Nuptiis Philologiæ et Mercurii :* DES NOCES DE LA PHILOLOGIE ET DE MERCURE ; et ce livre est dans toutes les écoles. J'y vois Virgile ; seulement on a le mauvais goût de lui préférer Stace, qui n'est pas moins profane que lui, et qui est un poète bien inférieur. J'y vois Térence, Ovide, Cicéron. On y étudie la grammaire dans Priscien, ce répertoire de l'antiquité latine, la dialectique dans les philosophes grecs à travers les traductions des Arabes, la rhétorique dans les traductions d'Hermogène. Qui ne sait enfin qu'Aristote était l'oracle, et que des philosophes de ce temps en ont voulu faire un précurseur du Verbe divin ? Vous voyez donc, Messieurs, que dans l'enseignement nous ne sommes pas si loin de nos pères ; ils étaient moins riches que nous, mais le fonds était à peu près le même. Brûlons une partie de nos richesses, et nous leur ressemblerons tout-à-fait.

Parlerai-je de la littérature ? Sans doute elle respire cette foi naïve qui s'est trop perdue ; mais quel mélange et quels contrastes ! Dante lui-même a fait de Caton d'Utique un élu ; c'est presque un ange qui veille aux portes du Purgatoire. Selon d'autres poètes, Alexandre-le-Grand pousse ses conquêtes jusqu'au céleste séjour. La confusion du profane et du sacré n'est que le moindre inconvénient ; quels dangers pour la morale ! Est-ce le *Roman de la Rose,* le *Roman du Renard,* les *Fabliaux* que nous laisserons lire aux écoliers ? Et si nous trouvons quelques compositions innocentes sans être insipides, ôterons-nous des mains de nos élèves Corneille, Racine, Fénelon, Bossuet, pour y mettre des livres la plupart anonymes, écrits d'une langue encore grossière, composés le plus souvent pour divertir les châtelaines oisives, les chevaliers revenus du combat , les bourgeois fatigués de l'atelier ou du comptoir ?

Je sais, Messieurs, qu'il reste une ressource : si le Moyen-Age ne se prête pas à tous nos désirs, eh bien ! changeons-le ; prenons des temps gothiques ce qui nous plaît, ôtons ce qui ne nous plaît pas. Je suppose qu'il nous plaise de conserver la diversité de l'enseignement féodal ; mais alors nous verrons revenir le temps des Universités de Paris, d'Orléans, de Toulouse ; on n'y enseignera plus ni les mêmes sciences, ni selon les mêmes méthodes ; ici l'on sera réaliste, là nominaliste ; ici la morale d'Aristote sera expliquée, là interdite. Je le demande, que deviendra l'unité de l'enseignement national ?

Au Moyen-Age, le roi, c'est-à-dire l'Etat, présidait à la fondation des Universités ; il les protégeait, il les surveillait ; il était impossible d'y prêcher telle ou telle doctrine sans obtenir son approbation. Mais comment faire accepter cette condition de ceux qui réclament la liberté absolue de l'enseignement, de ceux qui voudraient que l'Etat fût inactif, indifférent dans ces matières ; qu'il reposât au sein de la paix et de la quiétude, comme les dieux d'Epicure ? que deviendra, je le demande, l'action de l'Etat sur les Ecoles ?

Au Moyen-Age, l'instruction était le partage de certaines classes ; elle se bornait à certaines conditions sociales. La noblesse gardait pour elle la gloire des armes, et n'allait pas aux écoles. Une partie de la bourgeoise étudiait les lettres, et fournissait les prêtres, les avocats, les médecins ; l'autre partie était tenue enfermée dans les arts et les métiers. Voudrons-nous rétablir les priviléges ?

Autrefois l'État avait des colléges, des écoles de tous les degrés ; si par hasard il nous déplaît qu'il en soit ainsi, di-

rons-nous à l'État : « A vous les rivages de la mer, les
« fleuves, les ports, les routes, les palais, les musées, les
« forêts du domaine public; à d'autres les établissements
« d'instruction ! » Mais l'État pourrait bien, comme au
Moyen-Age, réclamer son droit de propriété dans la
science; il pourrait bien soutenir que dans la richesse intellectuelle il y a aussi un domaine de l'État, domaine qui
respecte la propriété d'autrui, mais qui veut aussi être res-
pecté; domaine imprescriptible, précieux, qui contribue à
la grandeur nationale.

Je suppose que nous soyons partisans du latin du Moyen-
Age, de la basse latinité, de ce qu'on appelait alors *bassa
latinitas*. Ce latin gothique a l'avantage d'être peu éloigné
du français; il ne sera pas malaisé d'y réussir, et je crois
entendre les écoliers dire que *tout le monde sera fort
en thème*. Mais sans compter plus d'un autre inconvénient, que devient la tradition? C'est la tour de Babel,
c'est le chaos qui recommence. Je le demande pour la
dernière fois, est-il possible d'accepter le Moyen-Age tout
entier? est-il possible de le corriger, de lui faire sa part,
et de lui dire : « Tu n'iras pas plus loin. »

Messieurs, je n'exagère rien; je n'invente rien; tout a
été dit. Si je n'étais qu'un adversaire, je tirerais des con-
clusions; je profiterais de mon avantage; mais je ne
puis oublier que nous avons un caractère public, et que
l'enseignement n'a pas cessé d'être une magistrature.

Est-il bien difficile maintenant de découvrir quels doivent
être, quels sont les principes de l'enseignement public? Ces
étrangetés de doctrines ne font-elles pas entrevoir les vrais
principes, comme l'erreur démontre la vérité, comme l'hérésie prouve la religion, comme le schisme lui-même té-
moigne en faveur de l'unité de l'Eglise?

Les principes de 89 réglés et complétés par ceux de 1800,

c'est-à-dire la liberté conciliée avec l'autorité, voilà depuis soixante ans, et d'un avis presque unanime, les fondements sur lesquels notre société repose. Tous les gouvernements les ont reconnus, presque toutes les opinions s'y sont ralliées. Est-il possible que l'enseignement public n'en soit pas la vivante expression ? Ne croyez pas, Messieurs, que je lui veuille donner une couleur politique. L'enseignement public est fermé aux bruits et aux orages extérieurs. Mais au-dessous du sable mouvant de la politique, il y a un terrain solide et constant, où nos institutions sociales ont jeté l'ancre ; et c'est par-là que l'Université tient aux entrailles mêmes du pays. Il faut nous attacher, Messieurs, au sol de 89 et de 1800. C'est là notre force et notre garantie.

On craint l'influence des classiques païens dans l'enseignement ; on ne suppose pas que nos élèves courront aux autels de Jupiter et de Vesta ; mais on imagine que Virgile et Homère en font des sensualistes et de mauvais chrétiens. On oublie, Messieurs, que les promoteurs de la philosophie spiritualiste dans notre siècle, furent pendant quarante ans les guides de l'Université ; voilà pour nos principes philosophiques. On oublie encore, mais nous, nous l'avons pas oublié, que le décret du 17 mars 1800 porte ces mots : « Toutes les écoles de l'Université prendront pour base de leur enseignement les préceptes de la religion catholique. » Voilà nos principes religieux.

Les amis de l'éducation du moyen-âge arriveraient tôt ou tard à la diversité, à la fantaisie, sinon dans la doctrine, du moins dans l'enseignement. Nous, nous voulons, que dis-je ? nous sommes l'unité de l'enseignement. Il n'y a plus de propriétés diverses, seigneuriales ou roturières ; la propriété est une, principe tutélaire et sacré ; de même l'instruction donnée par l'État, cette autre propriété est une pour tous, et affranchit les intelligences, en leur ouvrant la carrière.

L'Etat peut-il devenir un être inactif, une abstraction métaphysique? Mais l'Etat est la nation même ; en cette qualité il n'est pas une richesse, pas une force nationale, qui se dérobe à son action ; de là le principe d'autorité dans l'enseignement. Jadis les lettres fleurissaient à l'ombre du trône, et l'Université était la fille aînée des rois. Pourquoi la nation, héritière de nos rois, et le gouvernement, représentant de la nation, ne pourraient-ils continuer cette tutelle?

Est-ce que l'Etat n'aura plus d'établissements d'instruction, sans subir le reproche de vouloir être maître d'école? L'Etat n'est pas maître d'école; comme il a un corps de magistrature qu'il délègue pour rendre la justice, il a un corps enseignant pour distribuer l'enseignement ; il regarde les écoles comme une propriété de son domaine, comme une richesse intellectuelle, enviée par les nations étrangères, et qui conserve à ce pays le premier rang dans les lettres, comme dans les sciences. Il peut convenir aux particuliers d'user de la liberté d'enseignement comme il leur plaît ; il appartient à l'Etat de maintenir le niveau des études.

Aura-t-on jamais la pensée de sacrifier les plus belles œuvres du génie, et les plus grands siècles de l'humanité? Je ne sais ; mais l'Etat n'est pas encore, grâce à Dieu, un vaisseau désemparé, qui jette par dessus le bord tout ce qui faisait sa force et son ornement. L'Etat, tel que nous l'avons, ne date que de soixante ans ; mais il n'oublie pas que la France est plus ancienne ; il se souvient de toutes ses gloires, et il en confie le dépôt aux grands corps qu'il a constitués. L'armée continue l'œuvre de Turenne et de Condé, de Hoche et de Desaix ; la magistrature fait revivre en elle Harlay et Molé, Malesherbes et Portalis; l'Université est l'héritière de Gerson et de Rollin, de Fontanes et de Royer-Collard. Elle conserve à la fois le dépôt des lettres antiques et celui de la littérature nationale.

J'aurai beau faire, Messieurs, jamais je ne dirai aussi bien que l'empereur; il écrivait au premier grand-maître de l'Université : « Je veux un corps enseignant, parce qu'un « corps ne meurt jamais, et parce qu'il y a transmission « d'organisation et d'esprit. Je veux un corps dont la doc- « trine soit à l'abri des petites fièvres de la mode, qui mar- « che toujours, quand le gouvernement sommeille; dont « l'administration et les statuts deviennent tellement natio- « naux qu'on ne puisse jamais se déterminer légèrement à « y porter la main. »

Les nations, Messieurs, ont des époques de fécondité; tout ce qui naît alors est assuré de vivre. Dix-sept cent quatre-vingt-neuf et dix-huit cent ont été de ces époques heureuses. Cependant les institutions qui en sont sorties ont eu des destinées différentes. Les unes, semblables à de magnifiques vaisseaux, une fois lancées à la mer, ont pris leur essor, et continuent sous nos yeux leur glorieuse carrière. D'autres, bâties plus à la hâte, ou traversant des mers plus périlleuses, encore qu'elles poursuivent fièrement leur route, portent les marques de la foudre et de la tempête. Je ne prétends pas le dissimuler, c'est parmi ces dernières qu'il faut ranger le Corps enseignant. D'où lui viennent ces épreuves? et pourquoi, au lieu de triompher, fallait-il qu'il fût et demeurât presque toujours militant? La plupart donnent pour raison que le grand homme qui le créa oublia trop la liberté d'enseignement; beaucoup accusent le Corps enseignant lui-même; chacun apporte sa manière d'expliquer le fait. Permettez-moi, pour finir, de hasarder ici la mienne. Je me servirai d'un apologue; vous savez que la vérité se fait mieux accueillir sous le voile de la fiction ; et quelle que soit l'excessive naïveté de cette fable, vous me la pardonnerez, si elle rend bien ma pensée. Je l'emprunte à un bon vieux moine des temps gothiques.

Un jour Adam était aux champs, où il labourait la terre. Eve assise devant sa porte était entourée de ses enfants qui jouaient ; occupée de ces soins maternels qui commencent la journée, elle les appelait l'un après l'autre, et les faisait passer successivement à la toilette matinale. Avec une famille si nombreuse, ce n'était pas une courte besogne. Tout-à-coup elle aperçut le Seigneur qui de loin se rendait vers elle, et venait visiter la mère de tous les hommes. Ce fut à son cœur maternel un grand sujet de joie et de trouble ; un peu de vanité s'y mêlait aussi ; elle n'avait pas lavé ni peigné la moitié de ses enfants ; elle ne pouvait, elle ne voulait pas montrer au Seigneur une famille si mal tenue. Que faire ? Elle courut à la hâte cacher ceux que l'éponge et le peigne n'avait pas encore touchés. Elle en mit dans des armoires ; elle en cacha dans la paille et dans le foin ; puis, revenant au devant du Père Tout-Puissant, elle lui montra ceux de ses enfants qu'elle avait faits beaux. Le bon Dieu sourit en voyant ces joues roses et fraîches, ces blonds cheveux bien lisses, ces yeux purs et brillants ; il les voulut combler de présents ; il les enrichit des dons de la terre ; il fit les uns rois et empereurs, les autres ducs et comtes, ceux-ci généraux, ceux-là magistrats. Mais Eve était une bonne mère ; son cœur lui reprocha d'avoir dérobé une partie de ses enfants aux dons du Seigneur ; elle pria le bon Dieu de ne pas oublier ses autres enfants ; et courant à leurs cachettes, elle les fit sortir. Hélas ! non-seulement ceux-ci n'avaient pas fait leur toilette ; mais dans leurs cachettes ils s'étaient couverts de paille, de foin et de poussière. Ils ne plurent pas au Seigneur ; il en fit des laboureurs, des charpentiers et des foulons.

Vous reconnaissez dans cet apologue l'inspiration naïve, originale du Moyen-Age ; le vieux poète, qui l'a inventé, a voulu faire entendre que Dieu avait fait les inégalités sociales, mais que le hasard avait présidé à leur répartition ; que pour être grands ou petits, riches ou pauvres, les hommes n'en étaient pas moins du même sang et de la même chair ; que toute la différence était dans le peigne et dans l'éponge ; que les uns avaient eu le bonheur de passer les premiers ; qu'on n'avait pas eu le temps d'achever la toilette des autres. Permettez-moi d'en tirer une autre morale.

La France de 89 et de 1800 fut aussi la mère de nombreux enfants ; quelques-uns, ceux qu'elle avait parés à loisir, reçurent les bénédictions du ciel ; ils sont les aînés de la famille ; cela n'est que justice, et les enfants puînés n'ont garde d'en murmurer. L'Université, Messieurs, ne date en réalité que de 1808 ; elle est un des plus jeunes enfants de cette mère féconde ; loin d'elle tout sentiment d'ingratitude, loin d'elle la pensée d'accuser sa mère d'imprévoyance ! Mais le temps a manqué. Ni l'Assemblée Constituante avec sa puissante initiative, ni la Législative avec sa témérité, ni la Convention de lamentable mémoire, n'avaient posé les principes de l'éducation nationale. La question fut ajournée d'une année à l'autre, et d'assemblée en assemblée, jusqu'à ce qu'enfin Napoléon fonda l'Université. Le Corps enseignant a porté la peine d'être venu un peu tard ; celui-là même qui le créa ne le vit pas grandir ; tout jeune encore il dut affronter les orages. Il ne s'en plaint pas ; il sert le pays au poste où on l'a placé. Mais tournant ses yeux vers les aînés de la famille, il leur rappelle que ses périls intéressent la famille entière ; quelle que soit la petite place qu'on lui fait dans la maison, cette place ne peut rester vide, ou bien elle serait une brèche suffisante pour laisser entrer ceux qui la veulent détruire.

Jeunes élèves, dans cette fête qui est la vôtre, je me suis occupé de questions graves et d'intérêts généraux ; je semble vous avoir oubliés. Je ne vous ai pas parlé de ces couronnes que vous avez méritées, de vos mères dont vous êtes la joie et le triomphe, de nos vœux pour vous, de notre sincère et inaltérable amitié ; mais je vous ai parlé de notre chère Université, et je sais que vous la respectez ; je sais que vous l'aimez. Aimez-la toujours ; c'est là sa principale récompense ; soyez-lui comme étaient à cette mère, dont parlent les anciens, ses chers et nobles enfants ; qu'importe qu'elle n'ait pas d'or ni de joyaux ? tant que vous serez dignes d'elle, vous lui serez une assez belle parure.

Ce discours est suivi d'une courte allocution adressée par M. le Recteur aux Elèves et aux Familles.

Philosophie.

Professeur : M. .

DISSERTATION FRANÇAISE.

1 ᵉʳ Prix : PONTHIEUX, Louis-Henri, né à Laval, P. de M. Charpentier.

2.ᵉ — GANDOLPHE, Bon-Joseph-Alfred, né à Paris, interne.

1.ᵉʳ *Acc.* : HUET, Ernest - Théodore - Léopold, né à Batignolles-Monceaux, P. de M. Membré.

2.ᵉ — ROBILLARD, Jacques-Anatole, né à Montmorency, interne.

3.ᵉ — LECLÈRE, Camille - Marie - Achille, né à Neauphle-le-Château, interne.

4.ᵉ — HUN, Henri-Eugène, né à Versailles, P. de M. R. Laugier.

DISSERTATION LATINE.

1.ᵉʳ Prix : HUN, déjà nommé, P. de M. R. Laugier.

2.ᵉ — HUET (déjà nommé), P. de M. Membré.

1.ᵉʳ *Acc.* : PONTHIEUX (déjà couronné), P. de M. Charpentier.

2.ᵉ — SALLERON, Jules-Auguste, né à Paris, interne.

3.ᵉ — LECLÈRE (déjà nommé), interne.

4.ᵉ — GANDOLPHE (déjà couronné), interne.

MATHÉMATIQUES SUPÉRIEURES.

Professeur : M. VANNSON.

1.er PRIX : DE MONTAGU, Henri-Joseph, né à Orléans,
P. de M. R. Laugier.
2.e   —   BOBET, Anatole, né à Versailles, interne.
1.er *Acc.* : GUZMAN, Pierre, né à Paris, externe.
2.e   —   LANGLOIS, Auguste, né à Versailles, interne.
3.e   —   BOULLAND, Victor, né à Chevreuse, P. de
M. Peythieu.

DE MONTAGU, Joseph-Henri, pension de M. Raphaël Laugier, a obtenu le *deuxième Accessit* de mathématiques supérieures au Concours général.

GUZMAN, Pierre, externe, a obtenu le *cinquième Accessit* de Mathématiques supérieures au Concours général.

PHYSIQUE (DEUXIÈME ANNÉE).

Professeur : M. PRIVAT-DESCHANEL.

PRIX UNIQUE : DE MONTAGU, déjà couronné, P. de M. Laugier.
1.er *Acc.* : BOULLAND (déjà couronné), P. de M. Peythieu.
2.e   —   GUZMAN (déjà nommé), externe.

BOULLAND, Victor-Auguste-Isidore, Pension de M. Peythieu, a obtenu le *second Accessit* de Physique, deuxième année, au Concours général.

GUZMAN, Pierre, externe, qui a déjà obtenu le *cinquième Accessit* de Mathématiques supérieures au Concours général, a encore obtenu le *septième Accessit* de Physique, deuxième année. Le Lycée lui décerne un prix.

CHIMIE.

Professeur : M. PRIVAT-DESCHANEL.

PRIX :   DANJOY, Jean-Léon, né à Saint-Pierre (Martinique), interne.

Accessit ; DE ROUVRAY, Lucien-Henri, né à Paris, externe.

MATHÉMATIQUES ÉLÉMENTAIRES.

Professeur : M. ARREITER.

1.er PRIX :   MONICK, Charles-Amédée, né à Poitiers, interne.

2 e   —   AMORETTI, Emile-Michel, né à Moscou, P. Saint-Louis.

1.er *Acc.* :   SÁLLERON (déjà nommé), interne.

2.e   —   MIGNOT, Marie-Édouard, né à Montfort-l'Amaury, interne.

3.e   —   GODIN, Nicolas-Joseph-Alfred, né à Béziers, interne.

4.e   —   SALOM, Alfred-Amédée, né à Paris, P. de M. Peythieu.

5.e   —   GANDOLPHE (déjà couronné et nommé), interne.

6.e   —   HUN (déjà nommé et couronné), pension de M. R. Laugier.

7.e   —   CHAILLIER, Jean-Baptiste-Achille, né à Lyon, pension de M. Peythieu.

8.e   —   D'AUCOURT, Gaston-François, né à Mesnuls, interne.

VISCONTI, Lionel-Richard, interne, a obtenu le *deuxième*

Prix de Mathématiques élémentaires au Concours général. Le Lycée lui décerne un prix.

———

MATHÉMATIQUES ACCESSOIRES.

Professeur : M. BRANQUART.

1.er PRIX : LECLÈRE (déjà nommé), interne.
2.e — CHARDON, Edmond, né à Paris, externe.
1.er *Acc.* : HAREL, Alfred-Valéry, né à Dijon, interne.
2.e — CALLÉ, Ernest-Émilien, né à Verneuil, interne.
2.e — PONTHIEUX (déjà couronné), P. de M. Charpentier.
4e. — HUET (déjà nommé et couronné), P. de M.
Membré.

———

PHYSIQUE (PREMIÈRE ANNÉE).

Professeur : M. PRIVAT-DESCHANEL.

1.er PRIX : GANDOLPHE (déjà couronné et nommé), interne.
2.e — GODIN (déjà nommé), né à Béziers, interne.
1.er *Acc.* : HUN (déjà nommé et couronné), Pension
de M. R. Laugier.
2.e — PIFFRET, Philibert-André, né à Brétigny
(Seine-et-Oise), P. de M. R. Laugier.

3.e *Acc.:*   Coville, Alphonse-Emile-Josse, né à Lyons-
            la-Forêt, interne.
4.e   —   Amoretti (déjà couronné), P. Saint-Louis.
5.e   —   Salleron, (déjà nommé), interne.

Piffret, Philippe-André, Pension de M. Raphaël Laugier, a obtenu le *cinquième Accessit* de Physique, première année, au Concours général.

Godin, Nicolas Joseph-Alfred, interne, a obtenu le *huitième Accessit* de Physique, première année, au Concours
général.

HISTOIRE NATURELLE.

Professeur : M. Privat-Deschanel.

Prix :   Chardon, déjà couronné, externe.
1.er *Acc.* : Leclère (déjà nommé et couronné), in-
              terne.
2.e   —   Gandolphe (déjà couronné et nommé),
          interne.
3.e   —   Ponthieux (déjà couronné et nommé), P.
          de M. Charpentier.
4.e   —   Blot, Charlemagne-Édouard-Maximin, né
          Sainville, P. de M. Peythieu.

COSMOGRAPHIE.

Professeur : M. Arreiter.

Prix :   Piffret (déjà nommé), P. de M. R. Lau-
              gier.

1.er *Acc.* : COVILLE, déjà nommé, interne.
2.e — MONICK (déjà couronné), interne.
3.e — HUN, (déjà nommé et couronné), P. de
M. R. Laugier.
4.e — D'AUCOURT (déjà nommé), interne.
5.e — VASOU, Joseph, né à Versailles, P. de
M. R. Laugier.

PHILOSOPHIE et RHÉTORIQUE SUPPLÉMENTAIRES.

Professeur, M. LAPAUME.

NARRATION ET VERSION.

1.er PRIX : MIGNOT (déjà nommé), interne.
2.e — DE FITZ-JAMES, Jacques-Charles-Edouard,
né à Paris, interne.
1.er *Acc.* : CHAILLIER (déjà nommé), P. de M. Peythieu.
2.e — SALOM (déjà nommé), P. de M. Peythieu.
3.e — MONICK (déjà couronné et nommé), interne.
4.e — GODIN, Gabriel-Henri, né à Weissembourg,
interne.
5.e — BOULLIEU, Joseph, né à Lyon, Pension de
M. Peythieu.
6.e — MANOURY, Pierre-Marie, né à Boulogne-sur-
Seine, P. de M. R. Laugier.

HISTOIRE ET GÉOGRAPHIE.

Professeur : M. DREYSS.

1.er PRIX : MIGNOT (déjà nommé et couronné), interne.
2.e — D'AUCOURT (déjà nommé), interne.

1.er *Acc.* : **Hackspill**, Louis-François-Céleste, né à Sedan, interne.

2.e — **Barrey**, Joseph-Léon, né à Chevreuse, P. de M. Grisel.

3.e — **Sciard**, Pierre-Alphonse, né à Boulogne-sur-Seine, interne.

4.e — **Piffret** (déjà nommé et couronné), P. de M. R. Laugier.

5.e — **Chaillier** (déjà nommé), P. de M. Peythieu.

Rhétorique.

Professeurs : MM. **Étienne** et **Rigault**.

DISCOURS LATIN.

Prix des Vétérans : **Guillemin**, Auguste-Savinien, né à Versailles, P. de M. R. Laugier.

1.er *Prix des Nouv :* **Guyot**, Eugène-Ferdinand, né à Versailles, interne.

2.e — **Legrelle**, Arsène, né à Elbeuf, P. de M. Membré.

1.er *Acc.* : **Fontaine**, Adolphe-François-Pierre, né à Versailles, externe.

2.e — **Delerot**, Emile-Nicolas, né à Versailles, P. de M. Membré.

3.e — **Lecou**, Eugène-Victor, né à Paris, P. de M. Membré.

4.e — **Lefevre**, Louis-Emile, né à Valenciennes, interne.

5.e *Acc.* :   Cizos, Emile-Jean-Marie, né à Versailles, P. de M. Charpentier.

6.e —   Boursy, Victor, né au Hâvre, interne.

Guyot, Eugéne-Ferdinand, interne, a obtenu le *cinquième Accessit des nouveaux* en Discours latin au Concours général.

DISCOURS FRANÇAIS.

Prix des Vétérans : Guillemin (déjà couronné), P. de M. R Laugier.

1.er *Prix des Nouv :* Fontaine (déjà couronné), externe.

2.e —   Délerot (déjà nommé), P. de M. Membré.

1.er *Acc.* :   Legrelle, (déjà nommé), P. de M. Membré.

2.e —   Regley, Léon-Pierre-Maxime, né à Aisy.

3.e —   Douard, Amédée - Léonard, né à Paris, interne.

4 ^e —   Balzac, Pierre-Maxime, né à Paris, interne.

5.e —   Delannoy, Paul-Louis-Clément-Edouard-Ju'es, né à Cambrai, interne.

6.e —   Calohar, Edmond-François, externe.

VERS LATINS.

Prix *des vétérans :* Guillemin, (déjà nommé), P. de M. R. Laugier.

9

1.er **P**rix *des nouv:* **G**uyot (déjà couronné), interne.
2.e   —   **L**egrelle (déjà couronné et nommé),
         P. de M. Membré.
1.er *Acc.* :   **F**ontaine (déjà couronné), externe.
2.e   —   **L**ecou (déjà nommé), P. de M. Mem-
         bré.
3.e   —   **D**élerot (déjà couronné et nommé),
         P. de M. Membré.
4.e   —   **D**ouard (déjà nommé), interne.
5.e   —   **C**alohar (déjà nommé), externe.
6.e   —   **L**efèvre (déjà nommé), interne.

Guillemin, Auguste-Savinien, Pension de M. Raphaël
Laugier, a obtenu le *premier Prix des vétérans* en Vers
latins, au Concours général. Le Lycée lui décerne un prix.

VERSION LATINE.

Prix *des vétérans* : **G**uillemin (déjà couronné), P. de M.
         R. Laugier.
1.er **P**rix *des nouv.* : **D**élerot (déjà couronné et nommé),
         P. de M. Membré.
2.e   —   **G**uyot (déjà nommé), interne.
1.er *Acc.* :   **F**ontaine (déjà couronné et nommé),
         externe.
2.e   —   **L**egrelle (déjà couronné et nommé),
3.e   —   **R**egley (déjà nommé), externe.
         P. de M. Membré.
4.e   —   **D**ouard (déjà nommé), interne.
5.e   —   **L**efèvre (déjà nommé), interne.
6.e   —   **B**alzac (déjà nommé), interne.

VERSION GRECQUE.

Prix *des vétérans :* GUILLEMIN (déjà couronné), P. de
    M. R. Laugier.

1.er Prix *des nouv :* BOURSY (déjà nommé) interne.

2.e — GUYOT (déjà nommé), interne.

1.er *Acc. :* LEGRELLE (déjà couronné et nommé),
    P. de M. Membré.

2.e — FONTAINE (déjà couronné et nommé),
    externe.

3.e — LECOU (déjà nommé), P. de M. Mem-
    bré.

4.e — DÉLEROT (déjà couronné et nommé),
    P. de M. Membré.

5.e — SORELLE, Paul-Henri, né à Coulom-
    miers, interne.

6.e — CIZOS (déjà nommé), externe.

GUILLEMIN, qui a déjà obtenu le *premier Prix* de Vers
latins au Concours général, a encore obtenu le *deuxième
Prix* de Version grecque. Le Lycée lui décerne un prix.

GUYOT, qui a déjà obtenu le *cinquième Accessit* des
Nouveaux en Discours latin au Concours général, a en-
core obtenu le *premier Accessit* de Version grecque. Le
Lycée lui décerne un Prix.

HISTOIRE.

Professeur : M. DREYSS.

Prix *des vétérans :* GUILLEMIN, (déjà couronné), P. de
    M. R. Laugier.

1.er PRIX *des nouv:* FONTAINE (déjà couronné et nommé),
      externe.

2.e — LEGRELLE (déjà couronné et nommé),
      P. de M. Membré.

1.er *Acc.* GUYOT (déjà couronné), interne.

2.e — DÉLEROT (déjà couronné et nommé),
      P. de M. Membré.

3.e — BOURSY (déjà couronné et nommé), in-
      terne.

4.e — CREUSE, Léon, né à Versailles, P. de
      M. Charpentier.

5.e — GUERLAIN, Aimé, né à Paris, interne.

6.e — LECOU (déjà nommé), P. de M. Mem-
      bré.

COSMOGRAPHIE

Professeur : M. PRIVAT-DESCHANEL.

1.er PRIX. HACHARD, Marie-Adrien-Léon, né à la Mar-
      tinique, interne.

1.er *Acc.* DOUARD (déjà nommé), interne.

2.e — CREUSE (déjà nommé), P. de M. Charpen-
      tier.

3.e — BOURSY (déjà couronné et nommé), interne.

4.e — DÉLEROT (déjà couronné et nommé), P. de
      M. Membré.

RÉCITATION.

1.er PRIX : DOUARD (déjà nommé), interne.

2.e — FONTAINE (déjà couronné et nommé), ex-
      terne.

1.er *Acc.* :   MESSIN, né à Laneuville, P. Saint-Louis.
2.e   —   LEGRELLE (déjà couronné et nommé), P. de
M. Membré.
3.e   —   DÉLEROT (déjà couronné et nommé), P. de
M. Membré.
4.e   —   GUYOT (déjà couronné et nommé), interne.

LANGUES VIVANTES.

ALLEMAND.

Professeur : M. MINSSEN.

PRIX.   FONTAINE (déjà couronné et nommé), externe.
1.er *Acc.* :   GUERLAIN (déjà nommé), interne.
2.e   —   REGLEY (déjà nommé), externe.

ANGLAIS.

Professeur : M. MADDEN.

PRIX :   LEGRELLE (déjà couronné), P. de M. Membré.
1.er *Acc.* :   CREUSE (déjà nommé), P. de M. Charpentier.
2.e   —   DÉLEROT (déjà couronné et nommé), P. de
M. Membré.
3.e   —   LECOU (déjà nommé), P. de M. Membré.

Seconde.

Professeur : M. CORRARD.

THÈME LATIN.

1.ᵉʳ PRIX : RAMEAU, Paul-Dominique, né à Versailles, externe.
2.ᵉ — DESDOUITS, Théophile-Louis-Marie, né à Paris, externe.
1.ᵉʳ *Acc.* : BARBU, Louis-René, né à Maule, interne.
2.ᵉ — BLONDEL, Charles-Jean, né à Versailles, externe.
3.ᵉ — CHARPENTIER, Charles-Gustave, né à Versailles, externe.
4.ᵉ — BLOT, Charles, né à Dourdan, interne.
5.ᵉ — BONNARD, Armand, né à Paris, interne.
6.ᵉ — DOUBLET, Gustave, né à Versailles, interne.

VERSION LATINE.

1.ᵉʳ PRIX : RENARD, Edmond, né à Paris, P. de M. Membré.
2.ᵉ — DUVAL, Charles-Amédée, né à Gometz-la-Ville, interne.
1.ᵉʳ *Acc.* : BARBU (déjà nommé), interne.
2.ᵉ — BLONDEL (déjà nommé), externe.

3.ᵉ *Acc.* : MAURIAC, Laurence, né à Cayes (Haïti), interne.

4.ᵉ — BLOT (déjà nommé), interne.

5.ᵉ — DESDOUITS (déjà couronné), externe.

6.ᵉ — DOUBLET (déjà nommé), interne.

VERS LATINS.

1.ᵉʳ PRIX : DESDOUITS (déjà couronné et nommé), externe.

2.ᵉ — BLOT (déjà nommé), interne.

1.ᵉʳ *Acc.* : BLONDEL (déjà nommé), externe.

2.ᵉ — DUVAL (déjà couronné), interne.

3.ᵉ — BARBU (déjà nommé), interne.

4.ᵉ — RAMEAU (déjà couronné), externe.

5.ᵉ — DOUBLET (déjà nommé), externe.

6.ᵉ — GEYMULLER, Gustave, P. de M. Membré.

VERSION GRECQUE.

1.ᵉʳ PRIX : BARBU (déjà nommé), interne.

2.ᵉ — BLONDEL (déjà nommé), externe.

1.ᵉʳ *Acc.* : CHARPENTIER (déjà nommé), externe.

2.ᵉ — DOUBLET (déjà nommé), interne.

3 ᵉ — DESDOUITS (déjà couronné et nommé), externe.

4.ᵉ — RAMEAU (déjà couronné et nommé), externe.

5.ᵉ — BLOT (déjà couronné et nommé), interne.

6.ᵉ — MAURIAC, Laurence (déjà nommé), interne.

DESDOUITS, Théophile-Louis-Marie, externe, a obtenu le *sixième Accessit* de Version grecque au Concours général.

HISTOIRE.

Professeur : M. DREYSS.

1.er Prix.   BARBU (déjà couronné et nommé), interne.
2.e   —   DUVAL (déjà couronné et nommé), interne.
1.er *Acc.* : BLONDEL (déjà couronné et nommé), externe.
2.e   —   CHARPENTIER (déjà nommé), externe.
3.e   —   DESDOUITS (déjà couronné et nommé), ex-
              terne.
4.e   —   RAMEAU (déjà couronné et nommé), externe.
5.e   —   BRESSY, Jules-César, né à Vienne (Isère),
              interne.
6.e   —   RENARD (déjà couronné), P. de M. Membré.

BARBU, Louis-René, interne, a obtenu le *troisième Accessit* d'Histoire au Concours général.

GÉOMÉTRIE.

Professeur : M. VANNSON.

1.er Prix : BLONDEL (déjà couronné et nommé), externe.
2.e   —   MAURIAC, Anatole, né à Cayes (Haïti), in-
              terne.
1.er *Acc.* : BARBU (déjà couronné et nommé), interne.
2.e   —   GUYON, Gustave-Emile, né à Magny, in-
              terne.
3.e   —   DEFLY, Emile-Albert, né à Paris, interne.
4.e   —   DESDOUITS (déjà couronné et nommé), ex-
              terne.

RÉCITATION.

1.er Prix : DESDOUITS, (déjà couronné et nommé), ex-
              terne.
2.e   —   BARBU, (déjà couronné et nommé), interne.

1.ᵉʳ *Acc.* : **Blondel** (déjà couronné et nommé), externe.

2ᵉ — **Rameau** (déjà couronné et nommé), externe.

3.ᵉ — **Defly** (déjà nommé), interne.

4.ᵉ — **Fache**, Eléonore-Jean-Baptiste, né à Saint-Saens, interne.

5.ᵉ — **Charpentier** (déjà nommé), externe.

6.ᵉ — **George**, Victor, né à Nierstein (Allemagne), interne.

ALLEMAND.

Professeur : M. Minssen.

1ᵉʳ **Prix** : **Charpentier** (déjà nommé), externe.

2.ᵉ — **Blondel** (déjà couronné et nommé), externe.

1.ᵉʳ *Acc.* : **Doublet** (déjà nommé), interne.

2.ᵉ — **Rameau** (déjà couronné et nommé), externe.

Blondel, Charles-Jean, externe, a obtenu le *septième Accessit* d'Allemand au Concours général.

ANGLAIS.

Professeur : M. Madden.

1.ᵉʳ **Prix** : **Desdouits** (déjà couronné et nommé), externe.

2.ᵉ — **Barbu** (déjà nommé et couronné), interne.

1.ᵉʳ *Acc.* : **Mauriac**, Laurence (déjà nommé), interne.

2.ᵉ — **Geymuller** (déjà nommé), P. de M. Membré.

3.ᵉ — **Devina**, Casimir-Félix-Henri, né à Cambridge, P. Saint-Louis.

4. — **Coussin**, Auguste, né à Triel, interne.

Troisième.

Professeur : M. SADOUS.

THÈME LATIN.

1.er Prix . CHEVASSUT, Gustave-Alfred-Jean, né à Beauvais, interne.
2.e — GRADOUX, Alphonse-Hippolyte, né à Paris, P. de M. R. Laugier.
1.er *Acc.* : GUERLAIN, Abel, né à Paris, interne.
2.e — EMERY, Alphonse-Rodolphe-Joseph, né à Lyon, interne.
3.e — FROMAGEOT, Paul-Hector, né à Paris, P. de M. Grisel.
4.e — RENAUD, Armand, né à Versailles, P. de M. R. Laugier.
5 e — COLLET, Louis-Jean-Félix, né à Paris, interne.
6.e — RANDON, Antony-Edmond, né à Neuilly-sur-Seine, interne.
7.e — MILLET, Louis, né à Pontoise, interne.
8.e — PLOIX, François-Adolphe, né à Versailles, interne.

VERSION LATINE.

1.er Prix : CHEVASSUT (déjà couronné), interne.
2.e — LALLEMENT, Pierre, né à Paris, P. de M. R. Laugier.

1.er *Acc.* :   GUERLAIN (déjà couronné), interne.
2.e   —   GRADOUX (déjà couronné), P. de M. R. Laugier.
3.e   —   PLOIX (déjà nommé), interne.
4.e   —   COLLET (déjà nommé), interne.
5e   —   BÉLIARD, Ernest-Célestin, né à Paris, interne.
6.e   —   RENAUD (déjà nommé), P. de M. R. Laugier.
7.e   —   CHAMOUILLET, Jacques-Octave, né à Paris, interne.
8.e   —   MILLET (déjà nommé), interne.

VERS LATINS.

1.er PRIX :   MICQUE, Charles-Emile, né à Tours, interne.
2.e   —   LALLEMENT (déjà couronné), P. de M. R. Laugier.
1.er *Acc.* :   RENAUD (déjà nommé), P. de M. R. Laugier.
2.e   —   GRADOUX (déjà couronné et nommé), P. de M. R. Laugier.
3.e   —   MILLET (déjà nommé), interne.
4.e   —   CHEVASSUT (déjà couronné), interne.
5.e   —   PLOIX (déjà nommé), interne.
6.e   —   COLLET (déjà nommé), interne.
7.e   —   DELACOUR, Anatole, né à Pontoise, interne.
8.e   —   DUVOIR, Alfred-Jules-Alexandre, né à Paris, interne.

VERSION GRECQUE.

1.er PRIX,   GRADOUX (déjà couronné et nommé), P. de M. R. Laugier.

2.e **Prix** : **Lallement** (déjà couronné-), P. de M. R. Laugier.

1.er *Acc.* : **Renaud** (déjà nommé), P. de M. Laugier.

2.e — **Chevassut** (déjà couronné et nommé), interne.

3.e — **Guerlain** (déjà nommé), interne.

4.e — **Emery** (déjà nommé), interne.

5.e — **Guyon**, Alexandre-Edmond, né à Paris, interne.

6.e — **Duvoir** (déjà nommé), interne.

7.e — **Ploix**, (déjà nommé), interne.

8.e — **Chauvelot**, Alfred, né à Paris, interne.

Chevassut, Gustave-Alfred-Jean, interne, a obtenu le *sixième Accessit* de Version grecque au Concours général.

HISTOIRE.

Professeur : M. Dreyss.

1.er **prix** : **Renaud**, (déjà nommé), P. de M. R. Laugier.

2.e — **Lallement** (déjà couronné), P. de M. R. Laugier.

1.er *Acc.* : **Guyon** (déjà nommé), interne.

2.e — **Delacour**, Athanase, né à Pontoise, interne.

3.e — **Ploix** (déjà nommé), interne.

4.e — **Collet** (déjà nommé), interne.

5.e — **Duvoir** (déjà nommé), interne.

6.e — **Delacour**, Anatole (déjà nommé), interne.

7.e — **Fromageot** (déjà nommé), P. de M. Grisel.

8.e — **Chevassut** (déjà couronné et nommé), interne.

MATHÉMATIQUES

Professeur : M. ARREITER.

1.er PRIX.   DELACROIX, Antoine-Emile, né à Paris, interne.
2.e   —   DUVOIR, (déjà nommé), interne.
1.er *Acc.*   EMERY (déjà nommé), interne.
2.e   —   GUERLAIN (déjà nommé), interné.
3.e   —   CHEVASSUT (déjà couronné et nommé), interne.
4.e   —   PARADAN, Léon-Marie-Sylvestre, né à Florac (Lozère), externe.
5.e   —   LALLEMENT (déjà couronné), Pension de M. R. Laugier.
6.e   —   MILLET (déjà nommé), interne.
7.e   —   GUYON (déjà nommé), interne.
8.e   —   FROMAGEOT (déjà nommé), P. de M. Grisel.

RECITATION.

1.er PRIX :   MARTINON, Albert, né à Paris, externe.
2.e   —   VÉRON, Charles, né à Rambouillet, P. de M. R. Laugier.
1.er *Acc.* :   BÉLIARD, (déjà nommé), interne.
2.e   —   FROMAGEOT (déjà nommé), P. de M. Grisel.
3.e   —   PLOIX (déjà nommé), interne.
4.e   —   CHAUVELOT (déjà nommé), interne.
5.e   —   RANDON (déjà nommé), interne.
6.e   —   DUVOIR (déjà couronné et nommé), interne.

ALLEMAND.

Professeur, M. MINSSEN.

1 er PRIX : GUERLAIN (déjà nommé), interne.

2.ᵉ — CHEVASSUT (déjà couronné et nommé), interne.

1.er *Acc.* : PLOIX (déjà nommé), interne.

2.e — RENAUD (déjà couronné et nommé), P. de M. R. Laugier.

3.ᵉ — LEROUGET, Albert, né à Paris, interne.

4.e — CHAMOUILLET (déjà nommé), interne.

ANGLAIS.

Professeur : M. MADDEN.

1.er PRIX : GRADOUX (déjà nommé et couronné), P. de M. R. Laugier.

2.e — CARITHON (déjà nommé), interne.

1.er *Acc.* : LALLEMENT (déjà nommé et couronné), P. de M. R. Laugier.

2.e — RANDON (déjà couronné et nommé), interne.

3.e — DUVOIR (déjà couronné et nommé), interne.

4.ᵉ — VASSAL (déjà nommé), interne.

5.e — FROMAGEOT (déjà nommé), P. de M. Grisel.

Quatrième.

Professeur : M. LEDUC.

THÈME LATIN.

1.er PRIX : SCHMITZ, Paul-Louis, né à Versailles, P. de M. R. Laugier.

2e **Prix** : **Lesur**, Louis-François, né à Paris, interne.
1.er *Acc.* : **Leblanc**, Paul, né à Paris, interne.
2.e — **Godinot**, Eugène-Jean-Baptiste, né à Paris, interne.
3.e — **De Terras**, Ferdinand-Michel, né à Paris, interne.
4.e — **Marchand**, Charles, né à Saumur, interne.
5.e — **Sainte-Marie**, Léon-Julien-Théodore, né à Montargis, interne.
6.e — **Caussade**, Louis-Auguste, né à Paris, interne.
7.e — **Legrand**, Louis-Albert-Isidore, né à Versailles, interne.
8.e — **Duchesne**, Henri-Alexandre, né à Versailles, P. de M. Peythieu.

VERSION LATINE.

1.er **Prix** : **Lesur** (déjà nommé), interne.
2e — **Leblanc** (déjà nommé), interne.
1.er *Acc.* : **Schmitz** (déjà couronné), P. de M. R. Laugier.
2.e — **Caussade** (déjà nommé), interne.
3.e — **Reynaud**, Georges, né à Paris, interne.
4.e — **Godinot** (déjà nommé), interne.
5.e — **Paisant**, Adolphe-Anatole, né à Paris, interne.
6.e — **Carbonel**, Jean-Paul-Gustave, né à Grasse (Var), interne.
7.e — **De Terras** (déjà nommé), interne.
8.e — **Canonge**, Joseph-Frédéric, né à Paris, interne.

LEBLANC, Paul, interne, a obtenu le *huitième Accessit* de Version latine au Concours général.

VERS LATINS.

1.er PRIX : GODINOT (déjà nommé), interne.
2.e — LESUR (déjà couronné), interne.
1.er *Acc.* : LEBLANC (déjà couronné et nommé), interne.
2.e — SCHMITZ (déjà couronné et nommè), P. de M. R. Laugier.
3.e — DE TERRAS (déjà nommé), interne.
4.e — REYNAUD (déjà nommé), interne.
5.e — LEGRAND (déjà nommé), interne.
6.e — ANGÉ, Edouard, né à Paris, P. de M. Charpentier.
7.e — PAISANT (déjà nommé), interne.
8.e — MASSON, Georges, né à Rambouillet, interne.

VERSION GRECQUE.

1.er PRIX : SCHMITZ (déjà couronné et nommé), P. de M. R. Laugier.
2.e — GODINOT (déjà couronné et nommé), interne.
1.er *Acc.* : LESUR (déjà couronné), interne.
2.e — LEBLANC (déjà couronné et nommé), interne.
3.e — REYNAUD (déjà nommé), interne.
4.e — SAINTE-MARIE (déjà nommé), interne.
5.e — DE TERRAS (déjà nommé), interne.
6.e — CARBONEL (déjà nommé), interne.
7.e — CAUSSADE (déjà nommé), interne.
8.e — LEGRAND (déjà nommé), interne.

THÈME GREC.

1.er Prix.   **Schmitz** (déjà couronné et nommé), P. de M. R. Laugier.

2.e —   **Lesur** (déjà couronné et nommé), interne.

1.er *Acc.* : **Leblanc** (déjà nommé), interne.

2.e —   **Godinot**, (déjà couronné et nommé), interne.

3.e —   **De Terras** (déjà nommé), interne.

4.e —   **Marchand** (déjà nommé), interne.

5.e —   **Duchesne** (déjà nommé), P. de M. Peythieu.

6.e —   **Sainte-Marie** (déjà nommé), interne.

7.e —   **Legrand**, (déjà nommé), interne.

8.e —   **Paisant** (déjà nommé), interne.

HISTOIRE.

Professeur : M. Anquez.

1.er Prix :   **Canonge** (déjà nommé), interne.

2.e —   **Leblanc** (déjà couronné et nommé), interne.

1.er *Acc.* : **Sainte-Marie** (déjà nommé), interne.

2.e —   **Chardin**, Jules-Paul-Emile, né à Paris, P. da M. Membré.

3.e —   **Garbonel** (déjà nommé), interne.

4.e —   **Paisant** (déjà nommé), interne.

5.e —   **Mathieu**, Edmond-Frédéric, né à Paris, interne.

6.e —   **Picard**, Eugène-Léon-Adolphe, né à Paris, interne.

7.e —   **Poléma**, Waldemar, né à Saint-Pierre (Martinique), interne.

8.e —   **Delépine**, Paul, né à Paris, interne.

Sainte-Marie, Louis-Julien-Théodore, interne, a obtenu le *second Prix* d'Histoire au Concours général. Le Lycée lui décerne un Prix.

- Leblanc, Paul, qui a déjà obtenu le *huitième Accessit* de Version latine au Concours général, a encore obtenu le *deuxième Accessit* d'Histoire. Le Lycée lui décerne un prix.

ARITHMÉTIQUE.

Professeur : M. Delamain.

1.er Prix : Hachard, Napoléon-Alexandre, né à Saint-Pierre (Martinique), interne.
2.e — Godinot (déjà couronné et nommé), interne.
1.er *Acc.* : Leblanc (déjà couronné et nommé), interne.
2.e — Reynaud (déjà nommé), interne.
3.e — Lesur (déjà couronné et nommé), interne.
4.e — Delorme, Auguste-Eugène, né à Fontainebleau, interne.
5.e — Sainte-Marie (déjà nommé), interne.
6.e — Angé (déjà nommé), P. de M. Charpentier.
7.e — Carbonel (déjà nommé), interne.
8.e — Marchand (déjà nommé), interne.

RÉCITATION.

1.er Prix : Lesur (déjà couronné et nommé), interne.
2.e — Legrand (déjà nommé), interne.

1.er *Acc.*   SCHMITZ (déjà couronné et nommé), P. de M. R. Laugier.

2.e   —   CAUSSADE (déjà nommé), interne.

3.e   —   CANONGE (déjà couronné et nommé), interne.

4.e   —   REYNAUD (déjà nommé), interne.

5.e   —   GODINOT (déjà couronné et nommé), interne.

6.e   —   PAISANT (déjà nommé), interne.

ALLEMAND.

Professeur : M. MINSSEN.

1.er PRIX :   RATEL, Constant, né à Saclay, interne.

2.e   —   SCHMITZ (déjà couronné et nommé), P. de M. R. Laugier.

1.er *Acc.* :   ANGÉ (déjà nommé), P. de M. Charpentier.

2.e   —   LEGRAND (déjà couronné et nommé), interne.

3.e   —   MASSON (déjà nommé), interne.

4.e   —   MARCHAND (déjà nommé), interne.

5.e   —   DELÉPINE (déjà nommé), interne.

ANGLAIS.

Professeur : M. MADDEN.

1.er PRIX :   GODINOT (déjà couronné et nommé), interne.

2.e   —   LEBLANC (déjà couronné et nommé), interne.

1.er *Acc.* : DE MURTEMART, Philippe-Henri, né à Gra-
ville-l'Eure (Seine-Inférieure), interne.

2.e — SAINTE-MARIE (déjà nommé), interne.

3.e — BOUCHER, Léon-Paul, né à Versailles, externe.

4.e — CAVORET, Jules, né à Paris, P. de M. Charpentier.

5.e — BOZZI, Jean-Baptiste, né à Versailles.

Cinquième.

Professeur : M. MARCHAND.

THÈME LATIN.

1.er PRIX : RICHY, Henri-Adolphe, né à Calcutta, P.
de M. Grisel.

2.e — CHALLIOT, Jean-Paul, né à Parme, P. de M.
Membré.

1.er *Acc.* : MARCOU, Eugène-Albert, né à Epinay, interne.

2.e — BONNEVILLE, Louis-Arnold, né à Nogent-
le-Rotrou, externe.

3.e — FOURNIER, Paul-Athanaze, né à Athis-Mons,
interne.

4.e — SAINT-MARC-GIRARDIN, Charles-Auguste-
Louis, né à Paris, externe.

5.e — AUMONT, Georges, né à Sannois, interne.

6.e — MAUCLER, Emile-Charles-Alexandre, né à
Dourdan, interne.

7.e *Acc.* :   Bénard, Louis-Victor, né à Thoiry, interne.

8.e —   Goffart, Auguste-Louis-François, né à Marchienne-au-Pont, interne.

VERSION LATINE.

1.er Prix :   Silvestre de Sacy, Marie-Victor-Ustazade, né à Paris, interne.

2.e —   Challiot (déjà couronné), P. de M. Membré.

1.er *Acc.* :   Bénard (déjà nommé), interne.

2.e —   Goffart (déjà nommé), interne.

3.e —   Maucler (déjà nommé), interne.

4.e —   Richy (déjà couronné), P. de M. Grisel.

5.e —   Aumont (déjà nommé), interne.

6.e —   Saint-Marc-Girardin (déjà nommé), externe.

7.e —   Fournier (déjà nommé), interne.

8.e —   Marcou (déjà nommé), interne.

VERSION GRECQUE.

1.er Prix :   Aumont (déjà nommé), interne.

2.e —   Challiot (déjà couronné), P. de M. Membré.

1.er *Acc.*   Richy (déjà couronné et nommé), P. de M. Grisel.

2.e —   Chamouillet, Léon, né à Paris, interne.

3.e —   Saint-Marc-Girardin (déjà nommé), externe.

4.e —   Silvestre de Sacy (déjà couronné), interne.

5.e —   De Franqueville (Ernest-Louis-Hippolyte), né à Constantinople, interne.

6.e —   Marcou (déjà nommé), interne.

7.e *Acc.* : FOURNIER (déjà couronné), interne.
8.e — BONNEVILLE (déjà nommé), externe.

THÈME GREC.

1.er PRIX : RICHY (déjà couronné et nommé), P. de M. Grisel.
2.e — CHALLIOT (déjà couronné), P. de M. Membré.
1 er *Acc.* : SAINT-MARC GIRARDIN, (déjà nommé), externe.
2.e — MARCOU (déjà nommé), interne.
3.e — AUMONT (déjà couronné et nommé), interne.
4.e — GOFFART (déjà nommé), interne.
5.e — HAMARD, Emile-Louis. né à Marville-les-Bois, P. de M. P. Laugier.
6.e — BABBÉ, Eugène, né à Villepreux, interne.
7.e — LECHERBONNIER, Victor-Eugène, né à Paris, interne.
8.e — BÉNARD (déjà nommé), interne.

HISTOIRE.

Professeur : M. ANQUEZ.

1.er PRIX : AUMONT (déjà couronné et nommé), interne.
2.e — RICHY (déjà couronné et nommé), P. de M. GRISEL.
1.er *Acc.* : DELIMOGES, Jules-Honoré-Adolphe, né à Bonnelles, P. de M. Membré.
2.e — CHALLIOT (déjà couronné), P. de M. Membré.
3.e — EGASSE, André, né à Arnouville, P. de M. Membré.

4.e *Acc.* : BÉNARD (déjà nommé), interne.

5.e — SAINT-MARC-GIRARDIN (déjà nommé), externe.

6.e — CANONGE, Alphonse-Henri, né à Paris, interne.

7.e — DE SIVRY, Léon, né à Mantes, interne.

8.e — PLOIX, Paul -Théodore, né à Versailles, externe.

ALLEMAND.

Professeur : M. MINSSEN.

1.er PRIX : RICHY (déjà couronné et nommé), P. de M. Grisel.

2.e — CHAMOUILLET (déjà nommé), interne.

1er *Acc.* : BÉNARD (déjà nommé), interne.

2.e — GOFFART (déjà nommé), interne.

3.e — PLOIX (déjà nommé), externe.

4.e — BONNEVILLE (déjà nommé), externe.

ANGLAIS.

Professeur : M. MADDEN.

1.er PRIX : CHALLIOT (déjà nommé), P. de M. Membré.

2.e — PUTEAU, Jules, né à Versailles, P. de M. Peythieu.

1.er *Acc.* : HAMARD (déjà nommé), P. de M. P. Laugier.

2.e — MAUCLER (déjà nommé), interne.

3.e — FOURNIER (déjà nommé), interne.

4.e — MARCOU (déjà nommé), interne.

RÉCITATION.

1.er PRIX : GODIN, Paul, né à Versailles, interne.

2.e — AUMONT (déjà nommé et couronné), interne.

1.er *Acc.* : Richy (déjà couronné et nommé), P. de M. Grisel.

2.e — Maucler (déjà nommé), interne.

3.e — Legland, Théodore - Emile, né à Chevreuse, interne,

4.e — Challiot (déjà couronné et nommé), P. de M. Membré.

Sixième.

Professeur : M. Gourgaud.

THÈME LATIN.

1.er Prix : Goffart, Henri, né à Saint-Saulve (Nord), interne.

2.e — Richy, Arthur-William, né à Calcutta, P. de M. Grisel.

1.er *Acc.* : Merleaud, Alphonse, né à Versailles, P. de M. R. Laugier.

2.e — Browne, Thomas Arthur, né à Paris, interne.

3.e — Salleron, Louis-Charles-Henri, né à Paris, interne.

4.e — Coudret, Albert-Jean, né à Versailles, externe.

5.e — Marin, Paul-Emile, né à Versailles, interne.

6.e — Husson, Paul-Louis, né à Mantes, interne.

7.e — Cordier, Charles, né à Laon, P. de M. R. Laugier.

8.e — Lamaille, Pierre-Gustave, né à Paris, interne.

VERSION LATINE.

1.er Prix : SALLERON (déjà nommé), interne.
2.e — RICHY (déjà couronné) P. de M. Grisel.
1.er *Acc.* : GOFFART (déjà couronné), interne.
2.e — HUSSON (déjà nommé), interne.
3.e — SEURAT, Léon, né à Essonnes, interne.
4.e — MERLEAUD (déjà nommé), P. de M. R. Laugier.
5.e — TOURET, Louis-Eugène, né à Versailles, P. de M. Membré.
6.e — LAMAILLE, déjà nommé, interne.
7.e — CROUZET, Jean-Léon, né à Versailles, P. de M. R. Laugier.
8.e — BROWNE (déjà nommé), interne.

VERSION GRECQUE.

1.er Prix : HUSSON (déjà nommé), interne.
2.e — SALLERON (déjà couronné et nommé), interne.
1.er *Acc.* : MONTANDON, Alfred, né à Paris, P. de M. P. Laugier.
2.e — CAZIN, Albert, né à Dreux, interne.
3.e — TOURET (déjà nommé), P. de M. Membré.
4.e — DELATRE, Georges-Louis, né à Rouen, P. de M. Charpentier.
5.e — CROUZET (déjà nommé), P de M. R. Laugier.
6.e — SEURAT (déjà nommé), interne.
7.e — AUGÉ, Louis-Ernest, né à Versailles, P. de M. Membré.

8.ᵉ *Acc.* :　　GOFFART (déjà couronné et nommé), interne.

LANGUE FRANÇAISE

1.ᵉʳ PRIX :　GOFFART (déjà couronné et nommé), interne.
2.ᵉ　—　　COUDRET (déjà nommé), externe.
1.ᵉʳ *Acc.*　TOURET (déjà nommé), P. de M. Membré.
2.ᵉ　—　　MERLEAUD (déjà nommé), P. de M. R. Laugier.
3.ᵉ　—　　LAMAILLE (déjà nommé), interne.
4ᵉ　—　　BROWNE (déjà nommé), interne.
5.ᵉ　—　　CORDIER (déjà nommé), P. de M. R. Laugier.
6.ᵉ　—　　RICHY (déjà couronné), P. de M. Grisel.
7.ᵉ　—　　CAZIN (déjà nommé), interne.
8.ᵉ　—　　DELATRE (déjà nommé), P. de M. Charpentier.

HISTOIRE.

Professeur, M. ANQUEZ.

1.ᵉʳ PRIX .　GALLOIS, Frédéric-Gustave, né à Gênes, interne.
2.ᵉ　—　　RICHY (déjà couronné et nommé), P. de M. Grisel.
1.ᵉʳ *Acc.* :　SALLERON (déjà couronné et nommé), interne.
2ᵉ　—　　SAVIGNON, Aristide, né à l'île de la Réunion, P. de M. Grisel.
3.ᵉ　—　　GRISEL, Jules-Hippolyte, né à Brest, P. M. Grisel.
4.ᵉ　—　　CHOLET, Lucien, né à Lassay, P. de M. R. Laugier.

5.e *Acc.* :   Touret (déjà nommé), P. de M. Membré.
6.e —   Augé (déjà nommé), P. de M. Membré.
7.e —   Crouzet (déjà nommé), P. de M. R. Laugier.
8.e —   Lamaille (déjà nommé), interne.

RÉCITATION.

1.er Prix :   Coudret (déjà couronné et nommé), externe.
2.e —   Richy (déjà couronné et nommé), P. de M. Grisel.
1.er *Acc.* :   Cordier (déjà nommé) , P. de M. R. Laugier.
2.e —   Augé (déjà nommé), P. de M. Membré.
3.e —   Cholet (déjà nommé), P. de M. R. Laugier.
4.e —   Salleron (déjà couronné et nommé), interne.
5.e —   Grisel (déjà nommé), P. de M. Grisel.
6.e —   Goffart (déjà couronné et nommé), interne.
7.e —   Touret (déjà nommé), P. de M. Membré.
8.e —   Crouzet (déjà nommé), P. de M. R. Laugier.

Septième.

Première Division.

Professeur : M. Berthod.

THÉME.

1.er Prix :   Debrie, François, né à Fontenay, P. de M. Charpentier.

2.e Prix : CHALLIOT, Louis-Charles-Marie, né à Parme (Italie), P. de M. Membré.

1.er *Acc.* PITON, Alexandre-Marie, né à Marly-le-Roi, interne.

2.e — PEYTHIEU, Ernest, né à Versailles, P. de M. Peythieu.

3.e — GEORGE, Charles-Victor, né à Paris, interne.

4.e — PRUDHOMME, Edmond, né à Pondichéry, P. de M. Grisel.

5.e — COMBETTE, Eugène, né à Versailles, interne.

6.e — MICHAUT, Jules-Alcide, né à Sainville, P. de M. R. Laugier.

7.e — SIMON, Gabriel, né à Paris, P. de M. Charpentier.

8.e — BREVAL, Achille-Alexandre-Joseph, né à Versailles, interne.

VERSION.

1.er Prix : DEBRIE (déjà couronné), P. de M. Charpentier.

2.e — GOUDOT, Alfred, né à Panama, P. de M. R. Laugier.

1.er *Acc.* PEYTHIEU (déjà nommé), P. de M. Peythieu.

2.e — PITON (déjà nommé), interne.

3.e — SIMON (déjà nommé), P. de M. Charpentier.

4.e — CHALLIOT (déjà couronné), P. de M. Membré.

5.e — PRUDHOMME, (déjà nommé), P. de M. Grisel.

6.e — GEORGE (déjà nommé), interne.

7.e — BREVAL (déjà nommé), interne.

8.ᵉ *Acc.* :   Michaut (déjà nommé), P. de M. R. Laugier.

LANGUE FRANÇAISE.

1.ᵉʳ Prix : Piton (déjà nommé), interne.
2.ᵉ   —   Debrie (déjà couronné), P. de M. Charpentier.
1.ᵉʳ *Acc.* : Goudot (déjà couronné), P. de M. R. Laugier.
2.ᵉ   —   Prudhomme (déjà nommé), P. de M. Grisel.
3.ᵉ   —   Michaut (déjà nommé), P. de M. R. Laugier.
4.ᵉ   —   Simon (déjà nommé), P. de M. Charpentier.
5.ᵉ   —   Allaire, Léon, né à Paris, P. de M. Grisel.
6.ᵉ   —   Challiot (déjà couronné et nommé), P. de M. Membré.
7.ᵉ   —   Laverne, Ernest, né à Versailles, P. de M. R. Laugier.
8.ᵉ   —   Peythieu (déjà nommé), P. de M. Peythieu.

HISTOIRE ET GÉOGRAPHIE.

1.ᵉʳ Prix : Piton, (déjà couronné et nommé), interne.
2.ᵉ   —   Cordier, Edouard, né à Laon, P. de M. R. Laugier.
1.ᵉʳ *Acc.* : Michaut (déjà nommé), P. de M. R. Laugier.
2.ᵉ   —   Bonfils, Augustin, né à Versailles, P. de M. R. Laugier.
3.ᵉ   —   George (déjà nommé), interne.
4.ᵉ   —   Simon (déjà nommé), P. de M. Charpentier.
5.ᵉ   —   Combette (déjà nommé), interne.

6.e *Acc.* : CHALLIOT (déjà couronné et nommé), P. de
M. Membré.

7.e — FAVRY, Marie-François-Georges-Auguste,
né à Voisins-le-Bretonneux, interne.

8.e — CROUZET, Louis-Paul, né à Versailles, P. de
M: R. Laugier.

ARITHMÉTIQUE.

1.er PRIX : PITON (déjà couronné et nommé), interne.

2.e — LAMARRE, Edouard, né à Saint-Germain-
en-Laye, interne.

1.er *Acc.* : DEBRIE (déjà couronné et nommé), P. de
M. Charpentier.

2.e — CORDIER (déjà nommé), P. de M. R. Laugier.

3.e — MICHAUT (déjà nommé), P. de M. R. Laugier.

4.e — CROUZET, (déjà nommé), P. de M. R. Laugier.

5.e — GOUDOT (déjà couronné et nommé), P. de
M. R. Laugier.

6.e — PRUDHOMME (déjà nommé), P. de M. Grisel.

7.e — DE MONTAGU, Arthur-Jules, né à Grenoble,
P. de M. R. Laugier.

8.e — DAIX, Paul-Athanase, né à Versailles, P. de
M. Charpentier.

RÉCITATION.

1.er PRIX : CORDIER (déjà couronné et nommé), P. de
M. R. Laugier.

2.e — MICHAUT (déjà nommé), P. de M. R. Laugier.

1.er *Acc.* : Favry (déjà nommé), interne

2.e — De Montagu (déjà nommé), P. de M. R. Laugier,

3.e — Debrie (déjà couronné et nommé), P. de M. Charpentier.

4.e — Simon (déjà nommé), P. de M. Charpentier.

5.e — Challiot (déjà couronné et nommé), P. de M. Membré.

6.e — Bonfils (déjà nommé), P. de M. R. Laugier.

7.e — Bon Saint-Côme, Etienne-Louis-Félix, né à la Martinique, P. de M. Membré.

8.e — Laverne (déjà nommé), P. de M R. Laugier.

Septième.

Deuxième Division.

Professeur : M. Guyot.

THÉME.

1.er Prix: Laferrière, Edouard, né à Angoulème, externe.

2.e — Didier, Raymond, né à Paris, P. de M. Grisel.

1.er *Acc.* Pinchon, Gustave, né à Paris, interne.

2.e — Raincourt, Paul, né à Bougival, interne.

3.e — Michaut, Gabriel, né à Sainville, P. de M R. Laugier.

4.e *Acc* : Aycard, Joseph , né à Versailles, P. de M. Bontemps.

5.e — Blot, Adolphe, né à Versailles, P. de M. R. Laugier.

VERSION.

1.er Prix : Pinchon (déjà nommé), interne.

2.e — Laferrière (déjà couronné), externe.

1.er *Acc.* : Didier (déjà couronné), P. de M. Grisel.

2.e — Blandin, Félix-Théodore, né à Vangier, P. de M. P. Laugier.

3.e — Michaut (déjà nommé), P. de M. R. Laugier.

4.e — Mahot, Gustave-Frédéric, né à Ploërmel (Morbihan), externe.

5.e — Aycard (déjà nommé), P. de M. Bontemps.

LANGUE FRANÇAISE.

1er Prix : Pinchon (déjà couronné et nommé), interne.

2e — Raincourt (déjà nommé), interne.

1.er *Acc.* : Michaut (déjà nommé), P. de M. R. Laugier.

2e — Aycard (déjà nommé), P. de M. Bontemps.

3.e — Blot (déjà nommé), P. de M. R. Laugier.

4.e — Laferrière (déjà couronné), externe.

5.e — Didier (déjà couronné et nommé), P. de M. Grisel.

HISTOIRE ET GÉOGRAPHIE.

1.er Prix : Didier (déjà couronné et nommé), P. de M. Grisel.

2.e — Michaut (déjà nommé), P. de M. R. Laugier.

1.er *Acc.* : PINCHON (déjà couronné et nommé), interne.
2.e — RAINCOURT (déjà couronné et nommé), interne
3.e — LAFERRIÈRE (déjà couronné et nommé), externe.
4.e — MAHOT (déjà nommé), externe.
5.e — MARCOU, Ernest, né à Versailles ; P. de M. R. Laugier.

ARITHMÉTIQUE.

1.er PRIX : PINCHON (déjà couronné et nommé), interne.
2.e — MICHAUT (déjà couronné et nommé), P. de M. R. Laugier.
1.er *Acc.* : RAINCOURT (déjà couronné et nommé), interne.
2.e — LAFERRIÈRE (déjà couronné et nommé), externe.
3.e — DIDIER (déjà couronné et nommé), P. de M. Grisel.
4.e — MAHOT (déjà nommé), externe.
5.e — AYCARD (déjà nommé), P. de M. Bontemps.

RÉCITATION.

1.er PRIX : MICHAUT (déjà couronné et nommé), P. de M. R. Laugier.
2.e — LAFERRIÈRE (déjà couronné et nommé), externe.
1.er *Acc.* : PINCHON (déjà couronné et nommé), interne.
2.e — DIDIER (déjà couronné et nommé), P. de M. Grisel.
3.e — BLANDIN (déjà nommé), P. de M. P. Laugier.

4.e *Acc.* :   BLOT (déjà nommé), P. de M. R. Laugier.
5.e   —   RAINCOURT (déjà couronné et nommé), interne.

Septième.

Troisième Division.

Professeur : M. CHAPPE.

THÊME.

1.er PRIX :   PITON, Camille-Marie, né à Marly-le-Roi, interne.

2.e   —   GRISEL, Charles-René, né à Versailles, P. de M. Grisel.

1.er *Acc.*   BALIGAND, Amédée-Paul, né à Versailles, externe.

2 e   —   ROUGERON, Paul-Nicolas, né à Meaux, P. de M. Grisel.

3.e   —   PICQUÉ, Georges, né à Versailles, interne.

4.e   —   GINESTET, Alfred-Joseph, né à Versailles, externe.

5.e   —   CHATRY DE LA FOSSE, Henri-Louis, né à Paris, interne.

6.e   —   GOURGAUD, Théodore, né à Versailles, interne.

VERSION.

1.er PRIX :   GOURGAUD (déjà nommé), interne.
2.e   —   ROUGERON (déjà nommé), P. de M. Grisel.

1.er *Acc.* :   Grisel (déjà couronné), P. de M. Grisel.
2.e   —   Chatry de la Fosse (déjà nommé), interne.
3.e   —   Piton (déjà couronné), interne.
4.e   —   Baligand (déjà nommé), externe.
5.e   —   Ginestet(déjà nommé), externe.
6.e   —   Picqué, (déjà nommé), interne.

LANGUE FRANÇAISE.

1.er Prix: Gourgaud (déjà couronné et nommé), interne.
2.e   —   Piton (déjà couronné et nommé), interne.
1.er *Acc.*   Chatry de la Fosse (déjà nommé), interne.
2.e   —   Picqué (déjà nommé), interne.
3.e   —   Rougeron (déjà couronné et nommé), P. de M. Grisel.
4.e   —   Berthod, Philibert-Léon, né à Versailles, externe.
5.e   —   Baligand (déjà nommé), externe.
6.e   —   Joliet, René-Camille-Alexandre, né à Saint-Hippolyte, externe.

HISTOIRE ET GÉOGRAPHIE.

1.er Prix :   Grisel (déjà couronné et nommé), Pension de M. Grisel.
2.e   —   Gourgaud (déjà couronné et nommé), interne.
1.er *Acc.*:   Picqué (déjà nommé), interne.
2.e   —   Chatry de la Fosse (déjà nommé), interne.
3.e   —   Berthod (déjà nommé), externe.

4.e *Acc.* : Piton (déjà couronné et nommé), interne.
5.e — Baligand (déjà nommé), externe.
6.e — Laugier, Georges-Charles, né à Versailles,
Pension de M. R. Laugier.

ARITHMÉTIQUE.

1.er Prix : Piton (déjà couronné et nommé), interne.
2.e : Chatry de la Fosse (déjà nommé), interne.
1.er *Acc* : Gourgaud (déjà couronné et nommé), interne.
2.e — Wagner, Charles-Louis, né à Versailles,
externe.
3.e — Ginestet (déjà nommé), externe.
4.e — Joliet (déjà nommé), externe.
5.e — Baligand (déjà nommé), externe.
6.e — Picqué (déjà nommé), interne.

RÉCITATION.

1.er Prix : Picqué (déjà nommé), interne.
2.e — Piton (déjà couronné et nommé), interne.
1.er *Acc.* : Grisel (déjà couronné et nommé), Pension
de M. Grisel.
2.e — Ginestet (déjà nommé), externe.
3.e — Haincourt, Louis-Xavier, né à Saint-Lu-
cien, interne.
4.e — Berthod (déjà nommé), externe.
5.e — Chatry de la Fosse (déjà couronné et
nommé), interne.
6.e — Baligand (déjà nommé), externe.

CLASSE DE FRANÇAIS.

Professeur : M. MASSON.

ORTHOGRAPHE.

1.er PRIX : PETIT, Albert, né à Versailles, externe.
2.e — MILLET, Charles, né à Versailles, interne.
1.er *Acc* : AUMONT, Léon, né à Paris, interne.
2.e — LEBLANC, Gabriel, né à Orel (Russie), interne.
3.e — LÉPINE, Louis, né à Versailles, interne.

ANALYSE.

1.er PRIX : MILLET (déjà couronné), interne.
2.e — CAPE, Jonathan, né à Ashby de la Zouche
(Angleterre), interne.
1er *Acc.* : PETIT (déjà couronné), externe.
2.e — ARREITER, Georges, né à Caen, interne.
3.e — AUMONT (déjà nommé), interne.

RÉDACTION.

1.er PRIX : PETIT (déjà couronné et nommé), externe.
2.e — LÉPINE (déjà nommé), interne.
1.er *Acc.* : AUMONT (déjà nommé), interne.
2.e — MILLET (déjà couronné), interne.
3.e — CAPE, (déjà nommé), interne.

HISTOIRE ET GÉOGRAPHIE.

1.er PRIX : PETIT (déjà couronné et nommé), externe.
2.e — MILLET (déjà couronné et nommé), interne.

1.er *Acc.* : LÉPINE (déjà couronné et nommé) interne.
2.e — D'ANJOU, Ulysse-Henri, né à Paris, interne.
3.e — AUMONT (déjà nommé), interne.

ARITHMÉTIQUE.

1.er PRIX : CAPE (déjà couronné et nommé), interne.
2.e — PETIT (déjà couronné et nommé), externe.
1.er *Acc.* BAST, Étienne, né à Argenteuil, interne.
2.e — MILLET (déjà couronné et nommé), interne.
3.e — LEBLANC (déjà nommé), interne.

RÉCITATION.

1.er PRIX : MILLET (déjà couronné et nommé), interne.
2.e — PETIT (déjà couronné et nommé), externe.
1.er *Acc.* AUMONT (déjà nommé), interne.
2.e — D'ANJOU (déjà nommé), interne.
3.e — LÉPINE (déjà couronné et nommé), interne.

Cours Préparatoire.

MATHÉMATIQUES.

PREMIÈRE SECTION.

Professeur : M. GIROT.

1.er PRIX : LANGEVIN, Charles, né à Versailles, P. de
M. Peythieu.
2.e — IMBAULT, Alfred, né à Versailles, P. de M.
Peythieu.

46

1.er *Acc.* : PORTIER, Brutus, né à Versailles , P. de M.
Peythieu.

2.e — COTTIN, Edmond, né à Chevreuse, P. de M.
Peythieu.

3.e — ERAMBERT, Jules-Joseph-André, né à Paris.
interne.

4.e — DE COURCELLES. Édouard, né à Rouen, P. de
M. Grisel.

DEUXIÈME SECTION.

Professeur : M. DELAMAIN.

1.er PRIX : MONTANDON, Ernest, né Paris, P. de M. P.
Laugier.

2.e — TROUVÉ, Edmond, né à Etampes, P. Saint-
Louis.

1.er *Acc.* : PAJARD, Jules, né à Versailles, Pension de
M. Peythieu.

2.e — COLLINET, Lonis-Alexandre-Augustin, né à
Nesle, interne.

3.e — ROBERT, Émile, né à Versailles, P. Saint-
Louis.

4.e — LEGLAND , Jules - Alphonse , né à Saint-
Remy-l'Honoré, interne.

5.e — KOROLAMBIS, Cléogène-Manuel, né à Constantinople, P. Saint-Louis.

6.e — LEMAIRE , Henri-Désiré, né à Bapaume,
P. de M. R. Laugier.

LITTÉRATURE.

Professeur : M. COMBETTE.

VERSION LATINE.

1.er PRIX : BRIAND, Arthur, né à Paris, P. de M. Charpentier.

2.e — DE LAMARLIÈRE, Lionel, né à Paris, interne.

1.er *Acc.* : PAJARD, déjà nommé, P. de M. Peythieu.

2.e — ERAMBERT (déjà nommé), interne.

3.e — COTTIN (déjà nommé), P. de M. Peythieu.

4.e — QUÉNET, Jean-Pierre, né à Saint-Cyr-l'Ecole,
interne.

5.e — LESAGE, Henri-Louis-Gustave, né à Paris,
interne.

NARRATION.

1.er PRIX : ERAMBERT (déjà nommé), interne.

2.e — DE LAMARLIÈRE, (déjà couronné), interne.

1.er *Acc.* : BRIAND (déjà couronné), P. de M. Charpentier.

2.e — CORTA, Paul-Joseph, né à Dax (Landes), interne.

3.e — PORTIER (déjà nommé), P. de M. Peythieu.

4.e — JAUNEZ, Henri-Paul, né à la Martinique, interne.

5.e — LETOURNEUR, Camille-Louis, né à Paris, interne.

6.e — DE COURCELLES (déjà nommé), P. de M.
Grisel.

7.e — LANGEVIN (déjà couronné), P. de M. Peythieu.

8.e — IMBAULT (déjà couronné), P. de M. Peythieu.

HISTOIRE ET GÉOGRAPHIE.

1.er Prix : De Lamarlière (déjà couronné), interne.
2.e — Portier (déjà nommé), P. de M. Peythieu.
1.er Acc. : Collinet (déjà nommé), interne.
2.e — Langevin (déjà couronné et nommé), P. de M. Peythieu.
3.e — Briand (déjà couronné et nommé), P. de M. Charpentier.
4.e — Imbault (déjà couronné et nommé), P. de M. Peythieu.
5.e — Corta (déjà nommé), interne.
6.e — Quénet, (déjà nommé), interne.
7.e — Erambert (déjà couronné et nommé), interne.
8.e — Cottin (déjà nommé), P. de M. Peythieu.

COMPTABILITÉ COMMERCIALE.

Professeur : M. Beaucher.

Prix : Trouvé (déjà couronné)., P. Saint-Louis.
1.er Acc. : Collinet (déjà nommé), interne.
2 e — Montandon (déjà couronné), P. de M. P. Laugier.
3.e — Miné, Paul, P. de M. R. Laugier.
4.e — Korolambis (déjà nommé), P. Saint-Louis.
5.e — Robert, Emile, P. Saint-Louis.
6 e — Lanneau, Adolphe, né à Houdan, P. de M. Charpentier.

DESSIN LINÉAIRE.

Professeur : M. Petit, Armand.

Prix : Langevin (déjà couronné et nommé), P. de M. Peythieu.

1.er *Acc.* : Barbeau (Jules-Joseph), né à Meudon, interne.

2.e — De Thierry, Amédée, P. de M. Charpentier.

3.e — Florentin, Hippolyte, né à Paris, interne.

4.e — Collinet (déjà nommé), interne.

5.e — Letourneur (déjà nommé), interne.

6.e — Montandon (déjà couronné et nommé), P. de M. P. Laugier.

ALLEMAND.

Professeur : M. Meyer.

Prix : Lesage (déjà nommé), interne.

1.er *Acc.* : Portier (déjà couronné et nommé), P. de Peythieu.

2.e — Langevin (déjà couronné et nommé), P. de M. Peythieu.

3.e — Cottin (déjà nommé), P. de M. Peythieu.

4.e — Briand (déjà couronné et nommé), P. de M. Charpentier.

ANGLAIS.

Professeur : M. Cicile.

Prix : Montandon (déjà couronné et nommé), P. de M. P. Laugier.

1.er *Acc.* : Letourneur (déjà nommé), interne.

2.e — Lesaulnier, Pierre-Hector, né à Saint-Germain, interne.

3.e — Collinet (déjà nommé), interne.

4.e — Fould, Gustave, né à Paris (Seine), externe.

Classe de Dessin.

Professeur: M. Hüe.

DESSIN HISTORIQUE.

Prix : Salleron, Auguste (déjà nommé).

BOSSE.

Prix : Lanck, Dominique, né à Versailles.
Acc : Corta (déjà nommé).

GENRE.

Prix : Monick, (déjà couronné et nommé).
1.er *Acc.* : D'Aucourt (déjà couronné et nommé),
2.e — Leclère, Camille, (déjà couronné et nommé).

PAYSAGE.

Prix : Robillard (déjà nommé).
Acc. : Sorelle (déjà nommé).

ACADEMIE.

Prix : Hackspill (déjà nommé)
1.er *Acc.* : Langlois (déjà nommé).
2.e — Mignot (déjà couronné et nommé)
3.e — Callé (déjà nommé).
4.e — Bobet (déjà couronné).

TÉTE.

1.re *Division*.

1.er Prix : Duval (déjà couronné et nommé).
2.e — Hachard (déjà couronné).
1.er *Acc.* : Hachard, Louis-Marc-Alcée, né à Saint-
Pierre (Martinique).
2.e — Barbu (déjà couronné et nommé).
3.e — Guerlain, Aimé (déjà nommé).
4.e — Thierry, Pierre-Marie-Désiré, né à Saint-
Clair-sur-Epte.
5.e — Huber, Marie-Alphonse-Gustave, né à
Paris.
6.e — Renard, Louis-Victor, né à Maule.
7.e — Vassal, Alexis-Léon, né à Montainville.

TÊTE.

2.e *Division*.

1.er Prix : Mauriac, Anatole (déjà couronné).
2.e — Gandolphe (déjà couronné et nommé).
1.er *Acc.* : Collinet (déjà nommé).
2.e — Coussin (déjà nommé).
3.e — Balzac (déjà nommé).
4.e — Mauriac, Laurence (déjà nommé).
5.e — Delacroix (déjà couronné).
6.e — Carithon (déjà couronné et nommé).
7.e — George, Victor (déjà nommé).
8.e — Bals, Gustave-Charles-Jean, né à Batignolles-Monceaux.

CLASSE ÉLÉMENTAIRE.

Professeur : M. CHARPENTIER.

1.er PRIX : DUBOIS, Paul-Edmond, né à Corbeil.
2.e — CHEVASSUT (déjà couronné et nommé).
1.er *Acc.* : LECLÈRE, Edouard-Gustave, né à Paris.
2.e — HACHARD, Napoléon-Alexandre (déjà couronné).
3.e — CARBONEL (déjà nommé).
4.e — DELORME (déjà nommé).
5 e — MASSON (déjà nommé).
6.e — DU BERN, Albert, né à Meaux.

PRIX DE SEMESTRE,

Distribués le 10 Avril 1852.

MATHÉMATIQUES SPÉCIALES.

1.er Prix : De Montagu, P. de M. R. Laugier.
2.e — Bobet, interne.
1.er *Acc.* : Guzman, externe.
2.e — Boulland, P. de M. Peythieu.
3.e — Danjoy, interne.

PHYSIQUE (2.e *Année.*)

1.er Prix : De Montagu, P. de M. R. Laugier.
2.e — Boulland, P. de M. Peythieu.
1.er *Acc.:* Danjoy, interne.
2.e — Guzman, externe.
3.e — Langlois, interne.

PHILOSOPHIE.

1.er Prix : Ponthieux, P. de M. Charpentier.
2.e — Thomereau, externe.
1.er *Acc.* Gandolphe, interne.
2.e — Huet, P. de M. Membré.
3.e — Hun, P. de M. R. Laugier.

4.e *Acc.* : LECLÈRE, interne.
5.e — SALLERON, interne.
6.e — ROBILLARD, interne.

MATHÉMATIQUES ACCESSOIRES.

1.er PRIX : LECLÈRE, interne.
2.e — GAULTIER, interne.
1.er *Acc.* : HAREL, interne.
2.e — PONTHIEUX, P. de M. Charpentier.
3.e — HUET, P. de M. Membré.
4.e — MILLION, interne.
5.e — JUÉ, externe.

MATHÉMATIQUES ÉLÉMENTAIRES.

1.er PRIX : AMORETTI, P. Saint-Louis.
2.e — GODIN, interne.
1.er *Acc.* : GANDOLPHE, interne.
2.e — MONICK, interne.
3.e — HUN, P. de M. R. Laugier.
4.e — SALLERON, interne.
5.e — MIGNOT, interne.
6.e — PIFFRET, P. de M. R. Laugier.
7.e — BARBIER-D'AUCOURT, interne.
8.e — VASOU, P. de M. R. Laugier.

PHILOSOPHIE et RHÉTORIQUE SUPPLÉMENTAIRES

PRIX UNIQUE : MIGNOT, interne.
1.er *Acc.* : MONICK, interne.
2.e — BARBIER-D'AUCOURT, interne.
3.e — DE FITZ-JAMES, interne.
4.e — DE POUVOURVILLE, P. de M. Grisel.
5.e — BOUTIN, interne.
6.e — HUBER, interne.

RHÉTORIQUE (VÉTÉRANS).

PRIX : GUILLEMIN, P. de M. R. Laugier.

RHÉTORIQUE (NOUVEAUX).

1.er PRIX : DELEROT, P. de M. Membré.
2.e — LEGRELLE, P. de M. Membré.
1.er *Acc.* : FONTAINE, externe.
2.e — GUYOT, interne.
3.e — LECOU, P. de M. Membré.
4.e — BOURSY, interne.
5.e — CREUSE, P. de M. Charpentier.
6.e — DOUARD, interne.

SECONDE.

1.er PRIX : BARBU, interne.
2e. — DESDOUITS, externe.

1.er *Acc.* : BLONDEL, externe.
2.e — RAMEAU, externe.
3.e — CHARPENTIER, externe.
4.e — DOUBLET, interne.
5.e — DUVAL, interne.
6.e — BLOT, interne.

TROISIÈME.

1.er PRIX: CHEVASSUT, interne.
2.e — GRADOUX, P. de M. Raphaël Laugier.
1.er *Acc.* : LALLEMENT, P. de M. Charpentier.
2.e — DUVOIR, interne.
3.e — GUERLAIN, interne.
4.e — D'HÉRAL, P. de M. Charpentier.
5.e — GUYON, interne.
6.e — RENAUD, P. de M. Peythieu.
7.e — EMERY, interne.
8.e — CHAMOUILLET, Octave, interne.

QUATRIÈME.

1.er PRIX : GODINOT, interne.
2.e — SCHMITZ, P. de M. R. Laugier.
1.er *Acc.* : LESUR, interne.
2.e — LEBLANC, interne.
3.e — REYNAUD, interne.
4.e — SAINTE-MARIE, interne.
5.e — CANONGE, interne.
6.e — DE TERRAS, interne.
7.e — DUCHESNE, P. de M. Peythieu.
8.e — MARCHAND, interne.

CINQUIÈME.

1.er PRIX : CHALLIOT, P. de M. Membré.
2.e — RICHY (2), P. de M. Grisel.
1.er *Acc.* : BÉNARD, interne.
2.e — MARCOU, interne.
3.e — AUMONT (1), interne.
4.e — SAINT-MARC-GIRARDIN, externe.
5.e — PLOIX, externe.
6.e — CHAMOUILLET (2), interne.
7.e — FOURNIER, interne.
8.e — HAMARD, P. de M. Pierre Laugier.

SIXIÈME.

1 er PRIX : RICHY (3), P. de M. Grisel.
2.e — TOURET, Pension de M. Membré.
1.er *Acc.* : GOFFART, Henri, interne.
2.e — SALLERON, interne.
3.e — MERLEAUD, P. de M. R. Laugier.
4.e — COUDRET, externe.
5.e — BROWNE (1), interne.
6.e — CHOLET, P. de M. R. Laugier.
7.e — GRISEL, Jules, P. de M. Grisel.
8.e — HUSSON, interne.

SEPTIÈME.

Première Division.

1 er PRIX : CORDIER, P. de M. R. Laugier.
2.e — MICHAUD (1), P. de M. R. Laugier.
1.er *Acc.* : PRUDHOMME, P. de M. Grisel.
2.e — LAVERNE, P. de M. R. Laugier.
3.e — DEBRIE, P. de M. Charpentier.
4.e — BREVAL, interne.
5 e — ALLAIRE, P. de M. Grisel.
6.e — FAVRY, interne.
7.e — LEBLANC (2), interne.
8.e — SIMON, Pension de M. Charpentier.

SEPTIÈME.

Deuxième Division.

1.er PRIX : PITON (1), interne.
2.e — PINCHON, interne.
1.er *Acc.* : LAFERRIÈRE, externe.
2 e — MICHAUD (2), P. de M. R. Laugier.
3.e — DIDIER, externe.
4.e — BLOT, P. de M. R. Laugier.
5 e — RAINCOURT, interne.

SEPTIÈME.

Troisième Division.

1.er PRIX : BALIGAND, externe.
2.e — PITON (2), interne.

1.er *Acc. :* BERTHOD, externe.
2.e — PICQUÉ, externe.
3.e — LEBLANC, externe.
4.e — GINESTET, externe.
5.e — WAGNER (2), externe.

- - -

CLASSE DES COMMENÇANTS.

1.er PRIX : PETIT, Albert, externe.
2.e — MILLET, interne.
1.er *Acc.* : LÉPINE, interne.
2.e — LEBLANC, interne.
3.e — AUMONT (1), interne.

- - -

COURS PRÉPARATOIRE.

MATHÉMATIQUES. — 1.re *Section.*

1.er PRIX : IMBAULT, P. de M. Peythieu.
2.e — LANGEVIN, P. de M. Peythieu.
1.er *Acc.* : PORTIER, P. de M. Peythieu.
2.e — COTTIN, P. de M. Peythieu.
3.e — BRIAND, P. de M. Charpentier.

- - -

MATHÉMATIQUES. — 2.e *Section.*

1.er PRIX : TROUVÉ, P. Saint-Louis.
2.e — MONTANDON, P. de M. Pierre Laugier.

1.er *Acc.* : CHARRON, P. Saint-Louis.
2.e — ROBERT, P. Saint-Louis.
3.e — LESAULNIER, interne.
4.e — COLLINET, interne.
5.e — LEMAIRE, P. de M. R. Laugier.
6.e — JAUNEZ (2), interne.
7.e — LANNEAU, P. de M. Charpentier.

————

LITTÉRATURE.

1.er PRIX : DE LA MARLIÉRE, interne.
2.e — LESAGE, interne.
1.er *Acc.* : COLLINET, interne.
2.e — PORTIER, P. de M. Peythieu.
3.e — BRIAND, P. de M. Charpentier.
4.e — LANGEVIN, P. de M. Peythieu.
5.e — COTTIN, P. de M. Peythieu.
6.e — ERAMBERT, interne.
7.e — LETOURNEUR, Camille, interne.
8.e — CORTA, interne.

————

MEDAILLES ET MENTIONS D'HONNEUR,

OBTENUES PAR LE TRAVAIL ET LA CONDUITE DE TOUTE L'ANNÉE.

Première division.

Médaille :   ROBILLARD, Anatole.
1.ʳᵉ mention : LANGLOIS.
2.ᵉ   —   LANCK.
3.ᵉ   —   SALLERON, Auguste.
4.ᵉ   —   MILLION.

———

Seconde division.

Médaille :   BARBU
1.ʳᵉ Mention : GUYOT.
2.ᵉ   —   BOURSY.
3.ᵉ   —   SORELLE, Auguste.
4.ᵉ   —   LEFÈVRE.

———

Troisième division.

Médaille :   LENORMAND.
1.ʳᵉ mention : CHENU.
2.ᵉ   —   DUVAL.
3.ᵉ   —   LEROUGET.
4.ᵉ   —   DOUBLET.

Quatrième division.

Médaille :	GUYON (2).
1.re *Mention :*	DUVOIR.
2.e —	PLOIX.
3.e —	LETOURNEUR (1).
4.e —	DE LAMARLIÈRE.

————

Cinquième division.

Médaille :	CHEVASSUT.
1.re *Mention :*	LESUR.
2.e —	CHAMOUILLET (1).
3 e —	LEBLANC (1).
4.e —	PICARD.

————

Sixième division.

Médaille :	SAINTE-MARIE.
1.re *Mention :*	CARBONEL.
2.e —	MASSON.
3.e —	GODINOT.
4.e —	REYNAUD.

————

Septième division.

Médaille :	MAUCLER.
1.re *Mention :*	MARCOU.
2.e —	DESROSIERS.
3.e —	DE SIVRY.
4.e —	DESBORDES.

Huitième division.

Médaille :   LOUVARD.
1.re *Mention* : GALLOIS.
2.e   —   SALLERON, Henri
3.e   —   GOFFART, Henri.
4.e   —   SEURAT.

———

Neuvième division.

Médaille :   FAVRY.
1.re *Mention* : HERAND.
2.e   —   CAZIN.
3.e   —   LAMARRE.
4.e   —   JAUNEZ (3).

———

Dixième Division.

Médaille :   PITON, Alexandre.
1.re *Mention* : BOREL.
2.e   —   PINCHON.
3.e   —   RAINCOURT.
4.e   —   PITON, Camille.

———

MUSIQUE VOCALE.

Professeur : M. LION.

Première Division.

PRIX :   CHAMOUILLET (2).
1.er *Acc.* : GARCIN,
2.e   —   LEGLAND (2).
3.e   —   CANONGE (2).
4.e   —   PETIT, Pierre.

Deuxième Division.

Prix .   Marin.
1.er *Acc. :*   Lamaille.
2.e   —   Browne (1).
3.e   —   Herand.
4.e   —   Husson.

Troisième Division.

Prix :   Piton (1).
1.er *Acc. :*   Florentin (2).
2.e   —   Pinchon.
3.e   —   Combette.
4.e   —   Bréval.

Quatrième Division.

Prix :   Piton (2).
1.er *Acc. :*   Renault (2).
2.e   —   Poilblancs.
3.e   —   Nepveur.
4.e   —   De Sacy (2).
5.e   —   D'Anjou.

DESSIN LINÉAIRE.

Professeur : M. Petit (Armand).

Prix :   Letourneur (2).
1.er *Acc. :*   Maucler.
2.e   —   Souyris.
3.e   —   Chamouillet (2).
4.e   —   Chartran.

ECRITURE.

Première Division.

Professeur : M. BERTHOD.

1.ᵉʳ PRIX : GROU.
2.ᵉ — DUBOIS (2).
1.ᵉʳ *Acc.* : DE TERRAS (2),
2.ᵉ — ROBILLARD (3).
3.ᵉ — HUSSON.
4.ᵉ — ERRADNI.
5.ᵉ — GOFFART (2).
6.ᵉ — DESBORDES.

Deuxième division.

Professeur : M. LOISEAU.

1.ᵉʳ PRIX : JAUNEZ (3).
2.ᵉ — DURVILLE.
1.ᵉʳ *Acc.* : FAVRY.
2.ᵉ — LAMARRE.
3.ᵉ — WESTBY (2).
4.ᵉ — CAZIN.
5.ᵉ — DUCRET.
6.ᵉ — BROWNE (2).

Troisième Division

1.ᵉʳ PRIX : BOREL.
2.ᵉ — RUSSEL.

1.er *Acc.* : **POILBLANCS.**
2.e — **RAINCOURT.**
3.e — **PITON (1).**
4.e — **PITON (2).**
5.e — **TUGOT.**
6.e — **FLORENTIN (2).**

GYMNASTIQUE.

Professeur : M. **HUBER.**

Première division.

EX ÆQUO { *Ment. honor.* : **CALLÉ**
{ *Ment. honor.* : **LECLÈRE.**
1.er **PRIX** : **HACKSPILL.**
2.e — **FACHE.**
1.er *Acc.* : **SÉGAULT.**
2.e — **GUYON (1).**
3.e — **BLOT (1).**
4.e — **LESAULNIER.**

Deuxième division.

1.er **PRIX** : **CALANDO (1).**
2.e — **HACHARD (3).**
1.er *Acc.* : **CARBONEL.**
2.e — **CANONGE (1).**
3.e — **PETIT, Henri.**
4.e — **BRIDET.**
5.e — **DELÉPINE.**
6.e — **LETOURNEUR (2).**

Troisième division.

1.er Prix : Cape.
2.e — Salleron (3).
1.er *Acc.* : George (2).
2.e — Muleur.
3e — Lamaille.
4.e — Calando (2).
5.e — Salleron (4).
6.e — D'Anjou.

La Messe solennelle du Saint-Esprit, pour la rentrée des Classes, sera célébrée le lundi 4 octobre, à onze heures précises du matin. Les externes sont invités à y assister. Tous les internes doivent être rentrés une heure avant la cérémonie.

Versailles le 13 août 1852.

Le Proviseur,

Jannet.

Versailles. — Imprimerie de Montalant-Bougleux.

9 782329 032122